LE MEILLEUR PATISSIER

ABDELKARIM

Ses plus belles pâtisseries

M6 ÉDITIONS

ÉDITO

J'ai depuis toujours une fascination pour les desserts et c'est certainement la gourmandise qui me guide au quotidien. Enfant, j'engloutissais avec bonheur les pâtisseries que ma maman confectionnait, en particulier une génoise à la crème vanillée qu'elle préparait pour mes anniversaires. Aujourd'hui, au restaurant, je commence toujours par parcourir la carte des desserts !

Côté pratique, je me suis lancé sur le tard, mais cela a tout de suite été une véritable révélation. Les peintres dessinent leurs idées, les musiciens utilisent des sons, les graveurs ont choisi la pierre... Mon moyen d'expression, c'est la pâtisserie ! Cette passion fait partie de moi, de ma vie, et me permet d'exprimer mes émotions à travers mes créations.

Encouragé par ma femme et mes proches, j'ai participé à cette belle aventure qu'est Le Meilleur Pâtissier. Cette expérience, riche en rencontres et d'une intensité folle, restera à jamais gravée dans mon histoire.

Je continue mon chemin sucré, dont le tracé se dessine jour après jour, avec cet ouvrage sans prétention, que j'ai voulu avant tout comme un partage ; c'est un petit morceau de moi que je vous livre ici.

Pâtisserie rime avec envie ; l'important, c'est de procurer du plaisir et aussi de se faire plaisir, alors : À vos marques ! Prêts ? Pâtissez ! Et surtout, régalez-vous !

Abdelkarim

HOUSE
FOR
CAFE

READY

SOMMAIRE

LES INSOLITES

LES GOURMANDS

LES PRODIGIEUX

LES ROMANTIQUES

LES IRRÉSISTIBLES

LES FONDAMENTAUX

RIZ
SUCRE
SEMOULE

Les insolites

DOUCEUR DU SOLEIL-LEVANT

POUR 8-10 PERSONNES

Préparation : 2 h • Cuisson : 20 min • Réfrigération : 8 h

Pour la dacquoise au matcha

150 g de blancs d'œufs à température ambiante (soit 5 à 6 œufs) • 140 g de sucre • 10 g de thé matcha • 130 g de poudre d'amandes

Pour le crémeux au matcha

1 feuille de gélatine • 3 jaunes d'œufs • 25 g de sucre • 110 g de lait • 110 g de crème liquide • 15 g de thé matcha

Pour le crémeux au sésame noir

1 feuille de gélatine • 3 jaunes d'œufs • 25 g de sucre • 110 g de lait • 110 g de crème liquide • 50 g de pâte de sésame noir

Pour le crémeux au gianduja

3 jaunes d'œufs • 25 g de sucre • 110 g de lait • 110 g de crème liquide • 1 gousse de vanille • 225 g de gianduja au lait

Pour la mousse ivoire au yuzu

120 g de lait entier • 3 feuilles de gélatine • 220 g de chocolat blanc de couverture • 90 g de jus de yuzu • 400 g de crème liquide

Pour le glaçage blanc

2 feuilles de gélatine • 260 g de chocolat blanc de couverture • 40 g d'eau • 170 g de crème liquide • 30 g de glucose • 30 g d'huile de pépins de raisin

LA DACQUOISE AU MATCHA

Préchauffez le four à 180 °C (th. 6) en mode chaleur tournante. Montez les blancs en neige avec 1 cuillère à soupe de sucre. Quand ils sont fermes, ajoutez le reste du sucre et continuez à battre jusqu'à obtenir une meringue bien brillante. Mélangez les poudres et incorporez-les délicatement à la meringue. Étalez sur une plaque recouverte de papier cuisson et enfournez pour 12 à 15 minutes en tournant la plaque à mi-cuisson.

LE CRÉMEUX AU MATCHA

Faites ramollir la gélatine dans un bol d'eau froide. Préparez une crème anglaise (voir page 116). Hors du feu, incorporez la gélatine essorée et le thé matcha, puis mixez. Répartissez dans des moules en silicone de 5 cm de diamètre sur 7 mm d'épaisseur. Réservez au congélateur 3-4 heures.

LE CRÉMEUX AU SÉSAME NOIR

Procédez comme pour le crémeux au matcha et formez des palets de 12 mm d'épaisseur.

LE CRÉMEUX AU GIANDUJA

Procédez comme précédemment et formez des disques de 5 mm d'épaisseur.

LA MOUSSE IVOIRE AU YUZU

Faites ramollir la gélatine dans de l'eau froide. Portez le lait à ébullition. Hors du feu, incorporez la gélatine essorée. Émulsionnez avec le chocolat, puis ajoutez le jus de yuzu. Montez la crème en chantilly mousseuse et incorporez-la.

LE GLAÇAGE BLANC

Faites ramollir la gélatine dans de l'eau froide. Portez à ébullition l'eau, la crème et le glucose. Hors du feu, incorporez la gélatine essorée, puis versez en plusieurs fois sur le chocolat tout en émulsionnant. Ajoutez l'huile et mixez. Utilisez le glaçage à 30-35 °C.

LE MONTAGE

Détaillez 8 cercles de 7 cm dans la dacquoise. Déposez de la mousse au yuzu dans 8 cercles de 8 cm. Superposez ensuite les crémeux dans cet ordre : sésame noir, matcha et gianduja. Couvrez de mousse au yuzu puis surmontez d'un disque de dacquoise. Faites prendre au congélateur 3-4 heures. Décerclez les entremets, retournez-les et posez-les sur une grille avec un récipient en dessous. Nappez de glaçage. Laissez égoutter, puis décorez de sésame noir et de feuille d'or.

CHEESECAKE OREO®

Addiction au rendez-vous !

POUR 8 PERSONNES

Préparation : 2 h ◆ Réfrigération : 1 nuit

Pour le biscuit

100 g d'Oreo® sans la crème (environ 14 Oreo®) ◆ 40 g de beurre fondu

Pour la pâte à bombe

30 g d'eau ◆ 90 g de sucre ◆ 1 œuf + 1 jaune

Pour l'appareil à cheesecake

3 feuilles de gélatine ◆ 300 g de cream cheese Philadelphia® ◆ La crème des Oreo® utilisés pour le biscuit ◆ 1/2 gousse de vanille ◆ La pâte à bombe ◆ 200 g de crème liquide ◆ Des Oreo®

Pour le glaçage miroir blanc

4 feuilles de gélatine ◆ 170 g d'eau ◆ 220 g de sucre ◆ 150 g de crème liquide ◆ 30 g de glucose ◆ 80 g de chocolat blanc de couverture ◆ 20 g d'huile de pépins de raisin

Pour la déco

Des Oreo® ◆ De la poudre d'Oreo® ◆ Des perles en chocolat

LE BISCUIT

Retirez la crème des biscuits et réservez-la dans un saladier. Mixez les biscuits, puis mélangez-les avec le beurre fondu. Chemisez un cercle de 20 cm avec du rhodoïd et répartissez la pâte obtenue au fond. Tassez avec le dos d'une cuillère pour obtenir une surface plane et homogène. Réservez au frais.

LA PÂTE À BOMBE

Faites chauffer l'eau et le sucre jusqu'à atteindre 118 °C. Commencez à fouetter les œufs au batteur ou au robot, puis versez le sirop en mince filet. Continuez de battre pendant une dizaine de minutes. Le mélange doit blanchir et devenir mousseux. Réservez à température ambiante.

L'APPAREIL À CHEESECAKE

Faites ramollir la gélatine dans de l'eau froide pendant quelques minutes. Fouettez le cream cheese, la crème des Oreo® et les grains de la gousse de vanille. Essorez la gélatine et faites-la fondre quelques secondes au micro-ondes. Ajoutez-la à la pâte à bombe, mélangez pour la dissoudre, puis incorporez délicatement le tout à la préparation au cream cheese. Montez la crème liquide en chantilly mousseuse et incorporez-la au mélange précédent. Émiettez quelques Oreo® et mélangez à nouveau. Versez la préparation dans le cercle sur le biscuit, lissez et réservez 1 nuit au congélateur.

LE GLAÇAGE MIROIR BLANC

Faites ramollir la gélatine dans de l'eau froide. Portez l'eau et le sucre à ébullition. Ajoutez la crème liquide et le glucose, puis portez de nouveau à ébullition quelques instants. Hors du feu, ajoutez le chocolat blanc et mélangez bien. Quand le chocolat est totalement fondu, incorporez la gélatine essorée et l'huile, puis mixez en incorporant le moins d'air possible. Utilisez le glaçage à environ 27 °C, la texture doit être nappante.

LE MONTAGE

Décerclez le cheesecake et posez-le sur un support ou une grille avec un récipient en dessous. Versez doucement le glaçage de manière à couvrir entièrement le gâteau. Laissez figer quelques instants et retirez l'excédent sur les bords. Décorez avec des Oreo®, de la poudre d'Oreo® et des perles en chocolat ou tout autre décoration selon votre envie !

◆ LES ASTUCES ◆

- Si le glaçage est trop liquide et ne recouvre pas suffisamment l'entremets, placez-le quelques minutes au frais, puis appliquez-en une nouvelle couche.

- Pour colorer le glaçage, ajoutez du colorant à l'eau en début de cuisson.

MOELLEUX AUX ÉPICES

POUR 8 PERSONNES

Préparation : 1 h • Cuisson : 25-30 min • Réfrigération : 8 h

Pour le cake aux épices

70 g de beurre fondu • 30 g d'huile de pépins de raisin • 260 g de farine • 9 g de bicarbonate de soude • 10 g d'épices à pain d'épices • 1 œuf • 30 g de sucre roux • 250 g de miel d'acacia • 100 g de lait entier • Le zeste de 1/2 orange • 1 pincée de fleur de sel

Pour la crème au mascarpone

50 g de mascarpone • 100 g de crème liquide • 15 g de sucre glace

Pour la ganache montée au chocolat

40 g de chocolat à 60 % de cacao • 120 g de crème liquide • 10 g de miel

Pour le montage

De la marmelade d'agrumes • De la poudre de spéculoos • De la poudre irisée dorée • Du sucre glace • Des zestes d'orange • Des petites billes blanches et dorées

LE CAKE AUX ÉPICES

Préchauffez le four à 165 °C (th. 5-6). Mélangez le beurre fondu et l'huile. Tamisez les poudres ensemble. Faites blanchir l'œuf et le sucre au robot. Tout en continuant à battre, ajoutez le miel, puis le mélange beurre-huile, le lait et le zeste d'orange. Incorporez les poudres et la fleur de sel. Travaillez jusqu'à obtenir un mélange homogène. Beurrez un moule à cake et tapissez le fond de papier cuisson. Versez la pâte. Enfournez pour environ 25 minutes. Adaptez le temps de cuisson en fonction du moule.

LA CRÈME AU MASCARPONE

Montez le mascarpone, la crème liquide et le sucre en chantilly bien ferme. Mettez en poche et réservez au frais jusqu au dressage.

LA GANACHE MONTÉE AU CHOCOLAT

Faites chauffer 40 g de crème et le miel, puis versez sur le chocolat et émulsionnez. Ajoutez le reste de crème liquide bien froide tout en mélangeant. Réservez au frais 8 heures (ou une nuit). Montez au fouet comme pour une crème chantilly. Réservez au frais dans une poche munie d'une douille cannelée.

LE MONTAGE

Parez le cake avec un couteau scie pour avoir des surfaces bien lisses. Badigeonnez les côtés de marmelade, puis appliquez de la poudre de spéculoos. Badigeonnez le dessus de marmelade et décorez de crème au mascarpone et de ganache montée au chocolat. Détaillez des cubes dans les parures du cake. Appliquez de la poudre irisée dorée sur certains et du sucre glace sur les autres. Terminez la décoration avec quelques zestes d'orange, des petites billes et les cubes de cake aux épices.

• LES ASTUCES •

- Avant de commencer, beurrez le moule et tapissez le fond de papier cuisson, puis mettez-le au réfrigérateur pour que le beurre fige.

- Faites chauffer le miel quelques secondes au micro-ondes pour le rendre plus fluide.

abdelKarim

abdeLKarim

PARIS-MISSISSIPPI

L'onctuosité et la richesse de la noix de pécan

POUR 8 PERSONNES

Préparation : 2 h ◆ Cuisson : 30 min ◆ Réfrigération : 3 h

Pour le craquelin au cacao

45 g de beurre ◆ 45 g de cassonade ◆ 30 g de farine ◆ 5 g de cacao ◆ Fleur de sel

Pour la pâte à choux

70 g d'eau ◆ 70 g de lait ◆ 5 g de sucre ◆ 1 pincée de sel ◆ 60 g de beurre ◆ 70 g de farine T55 ◆ 2 gros œufs

Pour la crème au praliné noix de pécan

200 g de lait ◆ 50 g de crème liquide ◆ 3 jaunes d'œufs ◆ 40 g de sucre ◆ 15 g de farine ◆ 15 g de Maïzena® ◆ 1 feuille de gélatine ◆ 100 g de praliné pécan ◆ 100 g de beurre froid

Pour l'insert au praliné

100 g de praliné ◆ 30 g de crème liquide

Pour la déco

Des brisures de noix de pécan caramélisées ◆ De la poudre irisée dorée

LE CRAQUELIN AU CACAO

Mélangez la farine, la cassonade et le cacao. Ajoutez le beurre mou et pétrissez quelques minutes pour obtenir une pâte homogène. Étalez la pâte sur 3-4 mm d'épaisseur entre 2 feuilles de papier cuisson. Détaillez des cercles de la taille des choux (2-3 cm de diamètre). Bloquez 15 minutes au congélateur.

LA PÂTE À CHOUX

Préchauffez le four à 180 °C (th. 6). Portez à ébullition le lait, l'eau, le sel, le sucre et le beurre. Hors du feu, ajoutez en une seule fois la farine. Remettez sur feu moyen et travaillez la pâte à la spatule pour la dessécher, jusqu'à ce qu'une fine pellicule se forme au fond de la casserole (environ 2-3 minutes). Débarrassez dans un saladier et mélangez pour refroidir un peu le mélange. Incorporez un à un les œufs légèrement battus. Mettez en poche et formez des choux de 2-3 cm sur une plaque recouverte de papier sulfurisé. Posez un disque de craquelin sur chaque chou. Enfournez pour 20 à 30 minutes.

LA CRÈME AU PRALINÉ NOIX DE PÉCAN

Faites ramollir la gélatine dans un bol d'eau froide. Dans un cul-de-poule, mélangez le sucre et les jaunes d'œufs, puis les farines tamisées. Portez le lait et la crème à ébullition, mélangez-en la moitié avec le contenu du cul-de-poule, puis reversez le tout dans la casserole. Faites épaissir en mélangeant sur feu moyen pendant 1 minute environ. Hors du feu, incorporez la gélatine essorée et le praliné. Laissez tiédir à 40 °C, puis incorporez le beurre froid coupé en dés. Lissez au mixeur plongeur et réservez au frais 2 à 3 heures. Montez la crème au batteur puis mettez-la dans une poche munie d'une douille lisse.

L'INSERT AU PRALINÉ

Émulsionnez la crème et le praliné, mettez en poche et réservez au frais.

LE MONTAGE

Coupez les choux aux deux-tiers. Pochez des boules de crème praliné, puis un insert praliné à l'intérieur de la crème. Refermez avec les chapeaux. Appliquez de la poudre irisée dorée sur des brisures de noix de pécan caramélisées et décorez les choux.

◆ LES ASTUCES ◆

- N'ouvrez pas la porte du four avant au moins 25 minutes de cuisson, au risque de voir retomber vos choux.

- Pour avoir des chapeaux bien nets, retaillez-les à l'aide d'un emporte-pièce.

- Pour la cuisson, il existe plusieurs méthodes, moi j'utilise la chaleur tournante.

- En fin de cuisson, éteignez le four et laissez les choux quelques minutes à l'intérieur pour qu'ils sèchent.

MACARONS VANILLE-HUILE D'OLIVE

POUR 50 MACARONS

Préparation : 40 min • Cuisson : 15 min • Réfrigération : 2 h

Pour les coques des macarons

200 g de blancs d'œufs
250 g de sucre semoule
250 g de sucre glace
250 g de poudre d'amandes
Du colorant vert

Pour la ganache huile d'olive-vanille

100 g de crème liquide
1 gousse de vanille
5 g de miel
240 g de chocolat blanc de couverture
150 g d'huile d'olive de bonne qualité

LES COQUES DES MACARONS

Faites une meringue suisse avec 125 g de blancs d'œufs et le sucre semoule (voir page 114). Dans un autre récipient, mélangez le reste de blancs d'œufs (75 g) et le colorant en quantité suffisante. Tamisez la poudre d'amandes et le sucre glace ou passez-les au robot-coupe. Incorporez ce mélange aux blancs d'œufs colorés jusqu'à obtenir un mélange homogène. Ajoutez une petite quantité de meringue afin de détendre cette pâte d'amandes puis incorporez le reste à l'aide d'une corne en effectuant un macaronnage (c'est-à-dire en mélangeant énergiquement avec des mouvements du haut vers le bas, en soulevant la masse) jusqu'à ce que l'appareil fasse un ruban. Attention à ne pas trop travailler la pâte ! Mettez-la dans une poche munie d'une douille lisse et pochez les coques sur une feuille siliconée. Laissez croûter à l'air libre pendant 15 à 20 minutes. Préchauffez le four à 140-150 °C (th. 4-5) et enfournez pour environ 12 minutes.

LA GANACHE HUILE D'OLIVE-VANILLE, inspirée de la recette de Pierre Hermé

Hachez le chocolat. Portez à ébullition la crème, le miel et la gousse de vanille fendue en deux et grattée. Versez progressivement sur le chocolat et émulsionnez. Laissez tiédir à 35-40 °C, puis versez l'huile d'olive en filet tout en mélangeant. Passez au mixeur plongeant pour parfaire l'émulsion. Laissez cristalliser, puis mettez en poche.

LE MONTAGE

Appairez les coques de macarons par taille ; creusez légèrement l'intérieur avec le pouce pour pouvoir les garnir plus facilement, pochez de la ganache sur une coque et refermez avec la seconde.

• LES ASTUCES •

- Pour éviter les grumeaux, tamisez le sucre glace et la poudre d'amandes ou mixez-les au robot-coupe quelques secondes. Ce mélange à quantité égale de poudre d'amandes et de sucre glace est appelé tant pour tant.

- À chacun son four ! La température et le temps de cuisson varient d'un four à l'autre et sont donc à adapter.

- Conservez vos macarons au frais pendant 24 à 48 heures, ils seront encore meilleurs !

- Vous pouvez préparer une grande quantité de macarons et congeler le surplus.

FORÊT VERTE ENNEIGÉE

POUR 8 PERSONNES

Préparation : 2 h 30 • Cuisson : 15 min • Réfrigération : 8 h

Pour la ganache montée au chocolat

200 g de chocolat noir à 64 % de cacao • 30 g de miel d'acacia • 600 g de crème liquide (35 % de MG) • 1/2 fève tonka

Pour le sirop d'imbibage

250 g de sirop de griottes et bigarreaux • Quelques gouttes d'arôme de kirsch (sans alcool) • 30 g de sucre

Pour la dacquoise cacao-pistache

200 g de blancs d'œufs • 35 g de poudre de pistaches • 35 g de cacao • 130 g de poudre d'amandes • 180 g de sucre • Des pistaches vertes hachées

Pour la chantilly au mascarpone

400 g de crème liquide (35 % de MG) • 200 g de mascarpone • 1 gousse de vanille • 60 g de sucre glace

Pour la chantilly à la pistache

200 g de crème liquide (35 % de MG) • 100 g de mascarpone • 40 g de pâte de pistaches • 20 g de sucre glace

Pour le montage

15 bigarreaux • 15 griottes • 200 g de pistaches hachées

LA GANACHE MONTÉE AU CHOCOLAT

Faites chauffer 200 g de crème, le miel et la fève tonka râpée, versez sur le chocolat haché et émulsionnez. Incorporez le reste de crème bien froide et terminez l'émulsion au mixeur plongeant. Réservez au réfrigérateur au moins 8 heures. Montez au batteur comme une crème chantilly, mettez en poche et réservez au frais.

LE SIROP D'IMBIBAGE

Portez les ingrédients à ébullition et laissez refroidir.

LA DACQUOISE CACAO-PISTACHE

Préchauffez le four à 180 °C (th. 6). Montez les blancs d'œufs en neige avec un peu de sucre. Quand ils sont fermes, ajoutez le reste du sucre et continuez à battre jusqu'à obtenir une meringue bien brillante. Mélangez les poudres ensemble et incorporez-les délicatement. Versez dans une poche munie d'une douille de 12 mm. Sur un tapis Silpat®, pochez 2 cercles de 18 cm de diamètre et saupoudrez-les de pistaches hachées. Enfournez pour environ 12 à 15 minutes.

LA CHANTILLY AU MASCARPONE

Montez le mascarpone, la crème, le sucre et les grains de la gousse de vanille en chantilly bien ferme. Mettez dans une poche munie d'une douille à saint-honoré de 14 mm.

LA CHANTILLY À LA PISTACHE

Montez le mascarpone, la crème et le sucre en chantilly bien ferme. Détendez la pâte de pistaches avec un peu de chantilly et incorporez-la délicatement. Mettez en poche et réservez au frais.

LE MONTAGE

Sur un rond or en carton de 26 cm, posez un cercle à vacherin de 20 cm de diamètre chemisé de rhodoïd. Pochez de la ganache sur les parois intérieures au niveau du rond or et une pointe au centre, puis posez un disque de dacquoise préalablement punché. Pochez des anneaux de ganache et de chantilly à la pistache en les alternant. Répartissez les griottes et les bigarreaux, puis pochez à nouveau les crèmes. Surmontez du deuxième disque de biscuit punché et appuyez légèrement. Réservez 15 minutes au congélateur. Couvrez le gâteau d'une fine couche de chantilly à la pistache. Lissez à la spatule. Retirez le cercle et le rhodoïd, puis appliquez des pistaches hachées sur les côtés et le dessus. Décorez de chantilly, de griottes, de bigarreaux et de chocolat noir râpé.

Les gourmands

MOJI'TARTE

Inspirée d'une de mes boissons préférées : le virgin mojito

POUR 12 PERSONNES

Préparation : 2 h • Cuisson : 30 min • Réfrigération : 8 h

Pour la mousse à la Granny Smith

3 feuilles de gélatine • 300 g de purée de pommes vertes • 40 g de sucre • Le zeste de 1/2 citron vert • 1 gousse de vanille • 200 g de crème liquide

Pour le sablé breton

130 g de cassonade • 150 g de beurre • 2 jaunes d'œufs • 30 g de poudre d'amandes • 1 pincée de fleur de sel • 170 g de farine T55 • 11 g de levure chimique

Pour la crème d'amandes

50 g de poudre d'amandes • 50 g de beurre pommade • 50 g de sucre • 1 œuf

Pour les pommes caramélisées

2 pommes Chantecler • 1 noix de beurre • Du sucre

Pour le nappage à la menthe verte

300 g d'eau • Le jus de 1/2 citron vert • 150 g de sucre • 10 g de pectine NH • 20 g de glucose • Des feuilles de menthe ciselées

Pour la chantilly au citron vert

150 g de crème liquide (35 % de MG) • 50 g de mascarpone • 20 g de sucre glace • Le zeste de 1/2 citron vert

LA MOUSSE À LA GRANNY SMITH

Préparez la mousse (voir page 38) et coulez-la dans un cercle à entremets de 20 cm de diamètre. Réservez au congélateur.

LE SABLÉ BRETON

Préchauffez le four à 170 °C (th. 5-6). Crémez le beurre et le sucre. Incorporez les jaunes d'œufs, la poudre d'amandes et la fleur de sel. Ajoutez la farine et la levure tamisées et mélangez. Étalez la pâte sur une épaisseur de 5 mm et réservez au frais quelques minutes. Posez un cercle à entremets non beurré de 24 cm et enfournez pour 10 à 15 minutes environ, pour précuire le sablé.

LA CRÈME D'AMANDES

Préchauffez le four à 150 °C (th. 5). Mélangez tous les ingrédients ensemble en commençant par le beurre, le sucre, puis la poudre d'amandes et enfin l'œuf. Étalez sur le fond de biscuit refroidi et enfournez pour 10 à 15 minutes.

LES POMMES CARAMÉLISÉES

Coupez les pommes en petits cubes. Faites-les revenir à la poêle avec une noix de beurre et un peu de sucre pour les faire caraméliser. Elles doivent avoir une jolie couleur caramel et être fondantes.

LE NAPPAGE À LA MENTHE VERTE

Mélangez le sucre et la pectine. Faites chauffer l'eau et le jus de citron jusqu'à atteindre 50 °C. Ajoutez le mélange sucre-pectine tout en mélangeant et portez à ébullition. Hors du feu, ajoutez le glucose et portez de nouveau à ébullition. Chinoisez et ajoutez la menthe ciselée. Utilisez à 40-45 °C environ.

LA CHANTILLY AU CITRON VERT

Montez le mascarpone, la crème liquide, le sucre et le zeste de citron en chantilly. Mettez en poche avec une douille chemin de fer.

LE MONTAGE

Étalez les pommes caramélisées sur le sablé. Décerclez la mousse et posez-la sur un support dans un grand récipient. Versez le nappage et laissez égoutter. Positionnez la mousse sur le sablé et pochez de la chantilly tout autour. Décorez avec des allumettes de pomme Granny Smith, des feuilles de menthe et des feuilles d'argent.

• LES ASTUCES •

- En combinant uniquement le sablé breton, la crème d'amandes, et les pommes caramélisées, on obtient déjà une délicieuse tarte aux pommes.

- Afin d'éviter l'oxydation des fruits, appliquez un peu de nappage au pinceau ou de la confiture d'abricots.

BÛCHE NOISETTE

POUR 10 PERSONNES

Préparation : 2 h • Cuisson : 15 min • Réfrigération : 2 h

Pour le biscuit aux noisettes

4 œufs • 120 g de sucre semoule
• 40 g de farine tamisée • 40 g de Maïzena®
• 40 g de poudre de noisettes
• Des noisettes concassées

Pour la crème au mascarpone

300 g de crème liquide (35 % de MG)
• 150 g de mascarpone • 45 g de sucre glace
• 100 g de praliné • 50 g de mascarpone

Pour le sirop d'imbibage

Café • Sirop d'érable

Pour les décors en chocolat

100 g de chocolat noir de couverture

Pour le montage

150 à 200 g de noisettes concassées
• Quelques noisettes entières

LE BISCUIT AUX NOISETTES

Préchauffez le four à 190 °C (th. 6-7). Cassez les œufs en séparant les blancs des jaunes. À l'aide d'un batteur, montez les blancs en neige. Lorsqu'ils sont légèrement montés, ajoutez le sucre petit à petit pour obtenir une neige ferme. Ajoutez les jaunes d'œufs, battez 5 secondes, puis arrêtez le batteur. Versez les poudres tamisées en pluie et mélangez délicatement à l'aide d'une spatule. Étalez sur une plaque recouverte de papier cuisson, puis saupoudrez de noisettes concassées. Enfournez pour 8 à 12 minutes.

LA CRÈME MASCARPONE-PRALINÉ

Mélangez le praliné avec 50 g de mascarpone, puis détendez le mélange avec un peu de crème. Montez le mascarpone, le reste de crème et le sucre en chantilly. Ajoutez progressivement le praliné détendu sur la fin. Réservez au frais.

LE SIROP D'IMBIBAGE

Portez à ébullition le mélange café-sirop d'érable. Ajustez la proportion des ingrédients selon votre goût. Laissez refroidir à température ambiante.

LES DÉCORS EN CHOCOLAT

Tempérez le chocolat (voir page 121) et étalez-le entre deux feuilles guitare. Détaillez les éléments que vous utiliserez pour décorer la bûche : 2 grands triangles pour les extrémités, 2 longs rectangles pour les côtés et de petits triangles pour la surface.

LE MONTAGE

Punchez le biscuit refroidi avec le sirop à l'aide d'un pinceau et étalez un peu de crème mascarpone-praliné. Saupoudrez de noisettes concassées. Roulez la bûche en la serrant bien, puis réservez-la au frais 2 heures. Recouvrez-la entièrement de crème mascarpone-noisette, lissez, puis pochez le reste de crème à l'aide d'une douille à saint-honoré. Décorez avec les plaques en chocolat, des meringues et des noisettes entières.

• LES ASTUCES •

- Avant de monter la chantilly, mélangez le mascarpone avec un peu de crème liquide pour le détendre.

- Pour davantage de saveur, torréfiez les noisettes au four pendant 10 à 15 minutes à 160 °C (th. 5-6).

- Serrez bien la bûche en la pressant avec une plaque enveloppée de papier sulfurisé.

- Vous pouvez remplacer le sirop d'érable par du sucre ou du sirop d'agave.

abdeLKarim

BELLE ALLIANCE

Vanille, pistache et framboises

POUR 8 PERSONNES

Préparation : 2 h • Cuisson : 20 min • Réfrigération : 8 h

Pour le moelleux à la pistache

3 œufs • 90 g de sucre • 30 g d'huile de pépins de raisin • 1 pincée de sel • 50 g de poudre de pistaches • 40 g de poudre d'amandes • 20 g de pâte de pistaches • 15 g de farine • 20 g de pistaches concassées

Pour la mousse à la vanille

3 feuilles de gélatine • 200 g de lait entier • 2 gousses de vanille • 2 jaunes d'œufs • 60 g de sucre • 200 g de crème liquide • 100 g de mascarpone

Pour le glaçage miroir blanc

4 feuilles de gélatine • 170 g d'eau • 220 g de sucre • 150 g de crème liquide • 30 g de glucose • 80 g de chocolat blanc de couverture • 20 g d'huile de pépins de raisin

Pour le montage

200 g de framboises fraîches • 100 g de chocolat blanc de couverture tempéré

LE MOELLEUX À LA PISTACHE

Préchauffez le four à 180 °C (th. 6). Mélangez au robot 2 œufs et le sucre jusqu'à obtenir un appareil mousseux. Dans un cul-de-poule, mélangez l'œuf restant, le sel et l'huile, puis ajoutez les poudres d'amandes et de pistaches, et la pâte de pistaches. Incorporez progressivement le mélange œufs-sucre et terminez avec la farine. Coulez la préparation dans un cercle de 20 cm. Saupoudrez de pistaches concassées et enfournez pour 10 à 15 minutes. Après refroidissement, détaillez un cercle de 18 cm de diamètre.

LA MOUSSE À LA VANILLE

Hydratez la gélatine dans de l'eau froide. Réalisez une crème anglaise (voir page 116). Hors du feu, incorporez la gélatine essorée et laissez tiédir à température ambiante jusqu'à atteindre 35-40 °C. Montez la crème liquide et le mascarpone en chantilly mousseuse et incorporez-la à la crème anglaise.

LE GLAÇAGE MIROIR BLANC

Hydratez la gélatine dans de l'eau froide. Portez l'eau et le sucre à ébullition. Ajoutez la crème liquide et le glucose, puis portez à ébullition quelques instants. Hors du feu, ajoutez le chocolat blanc et mélangez. Quand il est totalement fondu, ajoutez la gélatine essorée et l'huile, puis mixez en incorporant le moins d'air possible. Utilisez le glaçage à 27 °C environ, la texture doit être nappante.

LE MONTAGE

Dans un cercle à entremets de 20 cm, coulez la mousse à la vanille jusqu'aux deux-tiers du cercle. Parsemez de framboises fraîches. Ajoutez de la mousse si nécessaire puis terminez avec le moelleux pistache. Placez au congélateur 1 nuit. Sortez l'entremets, décerclez-le et retournez-le. Posez-le sur une grille sur un récipient. Versez le glaçage sur toute la surface du dessert. Lissez à la spatule si nécessaire. Découpez un motif de vague dans une bande de rhodoïd à l'aide d'un cutter. Tempérez le chocolat blanc (voir page 121), puis étalez-le à la spatule sur le rhodoïd. Laissez cristalliser légèrement, puis encerclez l'entremets avec le rhodoïd et placez au frais jusqu'au moment de servir.

• LES ASTUCES •

- Filtrez le glaçage à l'aide d'une passoire pour éliminer un maximum de bulles d'air.
- Si vous avez préparé le glaçage la veille, faites-le réchauffer doucement au micro-ondes au moment de le couler.

CHARLOTTE BANANE ET CHOCOLAT

POUR 6-8 PERSONNES

Préparation : 2 h • Cuisson : 30 minutes • Réfrigération : 4 h

Pour le crémeux chocolat-café

1 jaune d'œuf • 15 g de sucre • 50 g de lait • 50 g de crème liquide • 1 à 2 g de café soluble • 40 g de chocolat au lait • 40 g de chocolat noir

Pour le biscuit décor en chocolat

30 g de beurre pommade • 30 g de sucre • 30 g de blancs d'œufs • 20 g de farine • 5 g de cacao

Pour le biscuit cuillère

4 œufs • Du colorant jaune • 120 g de sucre semoule • 60 g de farine tamisée • 60 g de Maïzena®

Pour la mousse à la banane

3 feuilles de gélatine • 300 g de purée de bananes • 30 g de sucre • Le jus de 1/2 citron • 300 g de crème liquide

Pour le caramel de banane

20 g d'eau • Le jus de 1/2 citron • 80 g de sucre • 30 g de beurre • 80 à 100 g de purée de bananes • 1 pincée de sel

Pour le sirop d'imbibage

200 g d'eau • 100 g de sucre

LE CRÉMEUX CHOCOLAT-CAFÉ

Préparez une crème anglaise (voir page 116). Émulsionnez avec le chocolat et le café, puis lissez au mixeur plongeant. Mettez en poche et réservez au frais.

LE BISCUIT DÉCOR EN CHOCOLAT

Mélangez les ingrédients. À l'aide d'une spatule ou d'une petite cuillère, déposez de fines traces de pâte sur une feuille de papier sulfurisé pour figurer les taches d'une banane. Réservez. Avec le reste de pâte, faites des tuiles que vous cuirez au four à 180 °C (th. 6).

LE BISCUIT CUILLÈRE

Préchauffez le four à 190 °C (th. 6-7). Clarifiez les œufs. Montez les blancs en neige avec le colorant. Lorsqu'ils sont légèrement montés, ajoutez le sucre petit à petit pour les serrer. Ajoutez les jaunes d'œufs et battez 5 secondes. Versez les poudres tamisées en pluie et mélangez délicatement à la spatule. Étalez la pâte sur la feuille décorée de biscuit au chocolat. Saupoudrez de sucre glace. Enfournez pour 8 à 12 minutes.

LA MOUSSE À LA BANANE

Déposez la gélatine dans un bol d'eau froide. Portez à frémissement la moitié de la purée de bananes, le sucre et le jus de citron. Hors du feu, incorporez la gélatine essorée et le reste de purée de bananes. Montez la crème en chantilly mousseuse. Incorporez-la à la purée tempérée. Réservez.

LE CARAMEL DE BANANE

Faites chauffer l'eau, le jus de citron et le sucre jusqu'à obtenir un caramel brun. Hors du feu, ajoutez le beurre, la purée de bananes et le sel.

LE SIROP D'IMBIBAGE

Portez l'eau et le sucre à ébullition, puis laissez tiédir à température ambiante.

LE MONTAGE

Tapissez un cercle à entremets de 18 cm de diamètre avec du rhodoïd, puis chemisez-le de bandes de biscuit. Découpez deux disques de biscuit, et placez-en un au fond du cercle. Punchez-le avec le sirop, puis remplissez aux deux-tiers de crémeux chocolat-café et de mousse à la banane, posez le second disque de biscuit et recommencez, en prenant soin de laisser 2 mm de marge en haut du biscuit. Faites prendre au frais 3 heures. Versez le caramel à la banane (au besoin, réchauffez-le au micro-ondes) pour couvrir le dessus du gâteau. Décorez et réservez au frais jusqu'au moment de servir.

• L'ASTUCE •

Serrez bien les bandes de biscuit sur les parois pour que la charlotte ait une bonne tenue.

MONT-BLANC MANDARINE

Une pointe d'agrume pour rafraîchir un grand classique

POUR 8 PERSONNES

Préparation : 2 h • Cuisson : 1 h 15 • Réfrigération : 8 h

Pour le biscuit aux marrons

80 g de crème de marrons • 50 g de sucre • 4 œufs + 2 jaunes • 130 g de farine • 30 g d'huile de pépins de raisin • Des brisures de marrons glacés

Pour la ganache montée aux marrons

100 g de chocolat blanc de couverture • 15 g de miel d'acacia • 200 g de crème liquide (35 % de MG) • 1 feuille de gélatine • 40 g de crème de châtaignes + 40 g de crème de marrons

Pour la meringue suisse

100 g de blancs d'œufs • 200 g de sucre

Pour le confit de mandarines

60 g de sucre • 10 g de pectine NH • 360 g de purée de mandarines • Le jus de 1 citron • 1 gousse de vanille

Pour le sirop d'imbibage

125 g d'eau • 60 g de sucre • 1 gousse de vanille

Pour la chantilly mascarpone-vanille

200 g de crème liquide (35 % de MG) • 100 g de mascarpone • 30 g de sucre glace

Pour la déco

100 g chocolat au lait de couverture • Des brisures de marrons glacés • De la feuille d'or

LE BISCUIT AUX MARRONS

Préchauffez le four à 190 °C (th. 6-7). Fouettez au robot la crème de marrons et le sucre. Ajoutez les œufs progressivement et continuez à mélanger 10 à 15 minutes. Incorporez délicatement la farine tamisée, puis l'huile. Étalez sur une plaque recouverte de papier cuisson, parsemez de brisures de marrons glacés et enfournez pour 10 à 15 minutes.

LA GANACHE MONTÉE AUX MARRONS

Préparez une ganache avec 80 g de crème (voir page 118), puis incorporez la gélatine réhydratée. Ajoutez les crèmes de marrons et châtaignes, puis le reste de crème bien froide et réservez une nuit au réfrigérateur. Montez la crème au fouet comme une chantilly.

LA MERINGUE SUISSE

Préchauffez le four à 90-100 °C (th. 3-4). Préparez la meringue suisse (voir page 114). Découpez des pochoirs rectangles de 4 x 10 cm. Posez-les sur une plaque recouverte de papier cuisson et étalez à l'aide d'une spatule une fine couche de meringue. Retirez les pochoirs et enfournez pour 1 heure environ.

LE CONFIT DE MANDARINES

Mélangez le sucre et la pectine NH. Faites tiédir la purée de fruits, le jus de citron et la vanille. Ajoutez le mélange sucre-pectine tout en mélangeant et portez à ébullition. Réservez à température ambiante.

LE SIROP D'IMBIBAGE

Portez à ébullition l'eau, le sucre, les grains et la gousse de vanille. Réservez.

LA CHANTILLY MASCARPONE-VANILLE

Montez le mascarpone, la crème, le sucre et les grains de la gousse de vanille en chantilly bien ferme. Réservez au frais dans une poche avec une douille à saint-honoré.

LA DÉCO

Tempérez le chocolat (voir page 121) et étalez-le sur du rhodoïd. Détaillez des rectangles de 4 x 10 cm.

LE MONTAGE

Coupez le biscuit en deux rectangles de 10 x 32 cm. Posez la première moitié dans un cadre à pâtisserie et punchez-la. Couvrez d'une couche uniforme de confit de mandarines, puis du second biscuit punché. Réservez 1 heure au congélateur, puis détaillez en 8 rectangles de 4 x 10 cm. Pochez des pointes de ganache montée aux marrons sur toute la surface des biscuits. Posez une plaque de meringue et collez une plaque de chocolat, à l'aide d'un peu de crème. Décorez en pochant des vagues de chantilly. Parsemez de brisures de marrons glacés et de feuilles d'or.

abdeLKarim

TENTATION CHOCO-FRAMBOISE

POUR 8 PERSONNES

Préparation : 2 h ◆ *Cuisson : 25 min* ◆ *Réfrigération : 11 h*

Pour le crémeux chocolat-framboise

1/2 feuille de gélatine ◆ 50 g de lait ◆ 50 g de crème liquide ◆ 10 g de sucre ◆ 1 jaune d'œuf ◆ 125 g de chocolat à 65 % de cacao ◆ 125 g de purée de framboises

Pour le biscuit Sacher

150 g de pâte d'amandes à 50 % ◆ 1 œuf entier + 4 jaunes ◆ 40 g de farine ◆ 30 g de cacao amer en poudre ◆ 4 blancs d'œufs ◆ 40 g de sucre semoule ◆ 40 g de beurre

Pour la mousse au chocolat

20 g d'eau ◆ 70 g de sucre ◆ 1 œuf entier + 3 jaunes ◆ 170 g de chocolat à 65-70 % de cacao ◆ 200 g de crème liquide

Pour le glaçage miroir au chocolat

4-5 feuilles de gélatine ◆ 70 g d'eau ◆ 200 g de sucre ◆ 80 g de cacao en poudre ◆ 150 g de crème liquide

LE CRÉMEUX CHOCOLAT-FRAMBOISE

Déposez la gélatine dans un bol d'eau froide pour l'hydrater. Réalisez une crème anglaise (voir page 116). Incorporez la gélatine essorée. Versez sur le chocolat et émulsionnez. Ajoutez la purée de framboises et passez au mixeur plongeant. Coulez dans un cercle de 18 cm et bloquez au congélateur pendant au moins 3 heures.

LE BISCUIT SACHER

Préchauffez le four à 180 °C (th. 6). Faites fondre le beurre. Mélangez l'œuf entier et les jaunes. Dans la cuve d'un robot muni du fouet, battez la pâte d'amandes avec un quart des œufs, puis ajoutez progressivement le reste. Foisonnez le tout pendant 5 à 10 minutes ; l'appareil doit doubler de volume et devenir bien mousseux. Montez les blancs d'œufs en neige en ajoutant le sucre petit à petit pour les serrer. Prélevez une partie et mélangez-la au beurre fondu. Incorporez au mélange amandes-œufs et ajoutez la farine et le cacao tamisés. Terminez en ajoutant le reste des blancs. Étalez sur une plaque recouverte de papier cuisson et enfournez pour environ 25 minutes. Après refroidissement, coupez un cercle de 18 cm de diamètre.

LA MOUSSE AU CHOCOLAT

Faites chauffer l'eau et le sucre jusqu'à atteindre 118 °C. Fouettez légèrement les œufs, puis versez le sirop tout en battant à petite vitesse. Une fois le sirop incorporé, foisonnez à grande vitesse jusqu'à complet refroidissement. Faites fondre le chocolat à 45 °C, puis incorporez-le. Montez la crème liquide et ajoutez-la.

LE GLAÇAGE MIROIR AU CHOCOLAT

Hydratez la gélatine dans de l'eau froide. Portez à ébullition l'eau, le sucre et la crème. Hors du feu, incorporez le cacao et la gélatine essorée, puis lissez au mixeur plongeant. Utilisez le glaçage à environ 30 °C.

LE MONTAGE

Dans un cercle de 20 cm, coulez la mousse jusqu'à la moitié du cercle. Posez l'insert de crémeux chocolat-framboise, puis recouvrez de mousse. Terminez par le biscuit Sacher et placez au congélateur pour 1 nuit. Sortez l'entremets, décerclez-le et retournez-le, puis appliquez une couche de glaçage miroir. Lissez à la spatule si nécessaire.

◆ LES ASTUCES ◆

- Passez la pâte d'amandes quelques secondes au micro-ondes pour l'assouplir.
- Réchauffez délicatement le glaçage avant de le couler.

MOUHALABIÉH

Ça vient du Liban et c'est pas du flan !

POUR 6 PERSONNES

Cuisson : 20 min ◆ Repos-réfrigération : 4 h

Pour la crème dessert

100 g de crème liquide ◆ 30 g de Maïzena® ◆ 400 g de lait entier ◆ 50 g de sucre ◆ 2 c. à s. d'eau de fleur d'oranger ◆ 1 c. à s. d'eau de rose ◆ 1 gousse de vanille ◆ 1 badiane ◆ 2 graines de cardamone verte

Pour le sirop

150 g d'eau ◆ 100 g de sucre ◆ 30 g de sirop de glucose ◆ Vanille, badiane, cardamone (précédemment utilisés et rincés) ◆ 1 c. à s. d'eau de fleur d'oranger ◆ 1 c. à s. d'eau de rose

Pour le montage

Des pistaches torréfiées concassées

LA CRÈME DESSERT

Délayez la Maïzena® dans une casserole avec la crème liquide. Ajoutez le lait progressivement puis le reste des ingrédients. Portez à ébullition sans cesser de remuer au fouet. Le mélange doit épaissir. Retirez et rincez soigneusement la vanille, la badiane et la cardamome afin de les réutiliser pour le sirop. Répartissez la crème dans des ramequins et placez au réfrigérateur pendant 4 heures.

LE SIROP

Faites chauffez l'eau, le sucre, le sirop de glucose et les épices dans une casserole jusqu'à atteindre une bonne ébullition. Hors du feu, retirez les épices et ajoutez l'eau de fleur d'oranger et l'eau de rose. Laissez refroidir.

LE MONTAGE

Lorsque les crèmes sont bien froides, saupoudrez-les de pistaches concassées et nappez-les de sirop. Replacez-les au frais jusqu'au moment de les déguster.

◆ L'ASTUCE ◆

À déguster avec un bon thé à la menthe.

5

Les prodigieux

MANCOCIVA

Parfait pour un anniversaire aux parfums exotiques !

POUR 8 PERSONNES

Préparation : 2 h ◆ *Cuisson : 20 min* ◆ *Réfrigération : 6 h*

Pour l'insert à la mangue

360 g de purée de mangue ◆ Le jus de 1/2 citron vert ◆ 2 gousses de vanille ◆ 40 g de sucre ◆ 6 g de pectine NH

Pour la dacquoise à la noix de coco

150 g de blancs d'œufs à température ambiante (5-6 œufs) ◆ 140 g de sucre ◆ 35 g de noix de coco râpée ◆ 115 g de poudre d'amandes

Pour la mousse au lait de coco

3-4 feuilles de gélatine ◆ 200 g de lait de coco ◆ Le zeste de 1 citron vert ◆ 1 gousse de vanille ◆ 2 blancs d'œufs ◆ 60 g de sucre ◆ 200 g de crème liquide

Pour le croustillant coco

150 g de chocolat blanc ◆ 80 g de crêpes dentelles ◆ 60 g de noix de coco râpée

Pour le nappage à la mangue

300 g d'eau ◆ 300 g de purée de mangue ◆ 360 g de sucre ◆ 24 g de pectine NH ◆ Le jus de 1 citron vert

L'INSERT À LA MANGUE

Faites tiédir la purée de mangue, le jus de citron et les gousses de vanille fendues et grattées. Mélangez le sucre et la pectine NH et versez dans la casserole. Portez à ébullition environ 2 minutes. Posez un cercle de 10 cm au centre d'un cercle de 20 cm. Tapissez de film alimentaire et coulez l'insert. Mettez au frais pour 2-3 heures.

LA DACQUOISE À LA NOIX DE COCO

Préchauffez le four à 180 °C (th. 6) en mode chaleur tournante. Préparez la pâte à dacquoise (voir page 108) et versez-la dans une poche munie d'une douille lisse. Sur un tapis siliconé, formez 1 cercle de 22 cm de diamètre. Enfournez pour 12 à 15 minutes, en tournant la plaque à mi-cuisson. Laissez refroidir le biscuit sur une grille.

LA MOUSSE AU LAIT DE COCO

Faites ramollir la gélatine dans de l'eau froide. Portez à ébullition 100 g de lait de coco, les grains de la gousse de vanille et le zeste de citron vert. Hors du feu, incorporez la gélatine, puis les 100 g de lait de coco restant. Faites une meringue suisse (voir page 114). Montez la crème en chantilly mousseuse. Incorporez le lait de coco à la meringue, puis la chantilly.

LE CROUSTILLANT COCO

Faites fondre le chocolat au bain-marie. Ajoutez la noix de coco et les crêpes dentelles émiettées. Étalez entre 2 feuilles de papier sulfurisé sur une épaisseur de 2 mm. Réservez quelques minutes au frais puis détaillez une couronne de la même taille que l'insert. Bloquez au congélateur.

LE NAPPAGE À LA MANGUE

Préparez le nappage (voir page 30). Chinoisez et laissez refroidir à température ambiante.

LE MONTAGE

Sur une plaque, posez un cercle de 22 cm de diamètre. Au centre, positionnez un second cercle de 8 cm et chemisez de rhodoïd la paroi intérieure du grand cercle et la paroi extérieure du petit. Versez la moitié de la mousse coco, placez l'insert mangue, puis coulez le reste de mousse coco. Posez le croustillant coco et la dacquoise. Mettez au congélateur 3 à 4 heures. Retirez délicatement les cercles et le rhodoïd. Couvrez de nappage mangue en égalisant bien. Remettez au réfrigérateur jusqu'à ce que le dessert soit décongelé. Décorez de feuille d'or.

◆ L'ASTUCE ◆

Mélangez la pectine et le sucre ensemble, et incorporez-les à une préparation tiédie tout en mélangeant pour éviter la formation de grumeaux.

BÛCHE SAPIN

Vive le vent d'hiver canadien !

POUR 8-10 PERSONNES

Préparation : 3 h • Cuisson : 30 min • Réfrigération : 12 h

Pour la pâte de pistaches

200 g de pistaches nature mondées • 1 c. à s. d'huile de pépins de raisin

Pour le white cake au sirop d'érable

200 g de farine • 90 g de sucre • 1 sachet de levure chimique • 1 pincée de sel • 30 g de pistaches concassées • 3 œufs • 60 g d'huile de pépins de raisin • 30 g de beurre fondu • 100 g de sirop d'érable • 100 g de lait fermenté

Pour la ganache montée à la pistache

200 g de chocolat blanc de couverture • 150 g + 450 g de crème liquide • 15 g de miel • 2 feuilles de gélatine • 1 gousse de vanille • 80 g de pâte de pistaches

Pour l'insert cranberrie-framboise

350 g de purée de cranberries • Le jus de 1 citron • 1 gousse de vanille • 40 g de sucre • 7 g de pectine NH • Des framboises fraîches

Pour la déco en chocolat

200 g de chocolat noir de couverture

Pour le glaçage blanc

2 feuilles de gélatine • 260 g de chocolat blanc de couverture • 40 g d'eau • 170 g de crème liquide • 30 g de glucose • 30 g d'huile de pépins de raisin

Pour le montage

50 g de chocolat blanc de couverture

LA PÂTE DE PISTACHES

Préchauffez le four à 160 °C (th. 5-6). Faites torréfier les pistaches pendant 10 à 15 minutes, mixez-les avec l'huile jusqu'à obtenir une pâte.

LE WHITE CAKE AU SIROP D'ÉRABLE

Préchauffez le four à 170 °C (th. 5-6). Mélangez les poudres et les pistaches. Incorporez les œufs, l'huile et le beurre fondu. Quand le mélange est homogène, ajoutez le sirop d'érable et le lait. Beurrez un moule carré de 26 cm de côté. Versez la préparation et enfournez pour 25 minutes environ.

LA GANACHE MONTÉE À LA PISTACHE

Préparez une ganache avec 150 g de crème (voir page 118), puis incorporez la gélatine après l'avoir réhydratée. Ajoutez la pâte de pistaches et le reste de crème bien froide, puis réservez une nuit au réfrigérateur. Montez la crème au fouet comme une chantilly.

L'INSERT CRANBERRIE-FRAMBOISE

Préparez l'insert (voir page 50), puis coulez-le dans un cadre rectangulaire, tapissé de film alimentaire, sur une épaisseur de 1,5 à 2 cm. Insérez des framboises fraîches et mettez au frais pour 2-3 heures.

LA DÉCO EN CHOCOLAT

Tempérez le chocolat (voir page 121). Badigeonnez-en des petits moules demi-sphériques en 2 ou 3 fois. Étalez le reste entre 2 feuilles guitare, puis détaillez des triangles. Après cristallisation, appliquez du spray scintillant argenté ou rouge.

LE GLAÇAGE BLANC

Préparez le glaçage (voir page 14), puis réservez-le. Utilisez-le à 30-35 °C.

LE MONTAGE

Coupez le white cake en triangle. Coupez l'insert aux mêmes dimensions. Fabriquez un triangle un peu plus grand (comptez 1 cm de plus pour chaque côté) en carton alimentaire et tapissez-le de rhodoïd. Posez-le sur une plaque, versez la moitié de la ganache montée, posez l'insert et couvrez du reste de ganache. Surmontez avec le biscuit. Faites fondre le chocolat blanc et chablonnez le dessus du biscuit. Mettez au congélateur pour 8 heures. Démoulez le gâteau, retournez-le et versez une couche de glaçage ivoire. Lissez les bords. Décorez avec les éléments en chocolat, des framboises et des pistaches.

• L'ASTUCE •

Pour accentuer la saveur du biscuit, imbibez-le légèrement de sirop d'érable ; cela permettra aussi de lui conserver son moelleux.

TOUT CHOCOLAT ET GIANDUJA

POUR 8 PERSONNES

Préparation : 2 h • Cuisson : 30 min • Réfrigération : 12 h

Pour le shortbread au cacao

50 g de sucre glace • 100 g de beurre demi-sel • 115 g de farine T55 • 20 g de cacao

Pour le biscuit noisette-cacao

4 œufs • 120 g de sucre semoule • 50 g de farine tamisée • 50 g de Maïzena® • 20 g de poudre de noisettes • 20 g de grué de cacao • Des éclats de noisettes

Pour le crémeux gianduja

3 jaunes d'œufs • 25 g de sucre • 110 g de lait • 110 g de crème liquide • 1 gousse de vanille • 300 g de gianduja au lait

Pour la ganache montée Dulcey®-vanille

150 g de crème liquide • 1 gousse de vanille • 20 g de miel d'acacia • 220 g de chocolat blond Dulcey® • 390 g de crème liquide entière

Pour le sirop d'imbibage

250 g d'eau • 125 g de sucre • 1 gousse de vanille • 2 c. à c. de cacao

Pour la pâte à cigarettes au cacao

100 g de beurre • 100 g de sucre glace • 100 g de blancs d'œufs • 20 g de cacao • 80 g de farine T55

LE SHORTBREAD AU CACAO

Préchauffez le four à 170 °C (th. 5-6). Crémez le beurre et le sucre, puis ajoutez le cacao et la farine. Étalez la pâte sur 4-5 mm d'épaisseur entre 2 feuilles de papier cuisson. Piquez-la à la fourchette et enfournez pour 10 à 15 minutes. À mi-cuisson, détaillez 8 rectangles de 3 x 10 cm.

LE BISCUIT NOISETTE-CACAO

Préchauffez le four à 190 °C (th. 8-9). Préparez la pâte à biscuit (voir page 38) en incorporant le grué de cacao en même temps que les poudres. Étalez-la en une couche homogène de 1 cm d'épaisseur sur une plaque recouverte de papier cuisson. Enfournez pour 8 à 12 minutes.

LE CRÉMEUX GIANDUJA

Préparez une crème anglaise (voir page 116). Versez-la sur le gianduja tout en mélangeant vivement. Passez au mixeur plongeant pour parfaire l'émulsion. Mettez en poche et réservez au frais pendant 4 heures.

POUR LA GANACHE MONTÉE DULCEY®-VANILLE

Préparez une ganache avec 150 g de crème (voir page 118), puis incorporez le reste de crème bien froide. Réservez au frais 1 nuit. Montez la crème au fouet comme une chantilly. Mettez-la en poche et façonnez de longs boudins de 10-12 mm d'épaisseur. Réservez au congélateur.

LE SIROP D'IMBIBAGE

Mélangez les ingrédients dans une casserole et portez à ébullition. Réservez.

LA PÂTE À CIGARETTES AU CACAO

Préchauffez le four à 200 °C (th. 6-7). Crémez le beurre et le sucre. Incorporez les blancs d'œufs et le cacao, puis la farine. Faites des pochoirs rectangles de 9 x 10 cm et étalez finement la préparation. Retirez les pochoirs et enfournez pour quelques minutes. Surveillez la cuisson ! Dès la sortie du four, roulez les rectangles autour d'un tube en fer pour former des tubes.

LE MONTAGE

Sur chaque shortbread, pochez une fine couche de crémeux gianduja, puis déposez un rectangle de biscuit noisette légèrement imbibé de sirop. Pochez à nouveau du crémeux. Coupez les boudins de ganache Dulcey à 10 cm et insérez-les dans les tubes en pâte à cigarettes, puis posez le tout sur le crémeux.

V
5

RUBICAKE

En souvenir de ma famille d'accueil en Hollande

POUR 10 PERSONNES

Préparation : 2 h • Cuisson : 30 min • Réfrigération : 4 h

Pour chaque cake

200 g de farine • 1 pincée de sel • 100 g de sucre • 1 sachet de levure chimique • 3 œufs • 60 g d'huile de pépins de raisin • 30 g de beurre fondu • 200 g de purée de fruits (voir ci-dessous) • Du colorant alimentaire en poudre (rouge, jaune et vert en fonction du gâteau)

Pour le cake jaune

1/2 à 1 fève tonka râpée • 200 g de purée de bananes

Pour le cake rouge

200 g de purée de fraises • 20 feuilles de basilic

Pour le cake vert

150 de purée de pommes vertes • 50 g de chair d'avocat • Le zeste de 1 citron vert

Pour le crémeux au chocolat

1 feuille de gélatine • 5 jaunes d'œufs • 50 g de sucre • 250 g de lait • 250 g de crème liquide • 1 gousse de vanille • 300 g de chocolat noir (la moitié à 70 % de cacao et l'autre à 64 % de cacao)

Pour la déco en chocolat

300 g de chocolat blanc de couverture • Du beurre de cacao (rouge, vert et jaune)

LES CAKES MOELLEUX

Préchauffez le four à 180 °C (th. 6). Pour chaque cake, commencez par mélanger les poudres ensemble. Puis incorporez les œufs, l'huile et le beurre fondu. Quand le mélange est homogène, ajoutez la purée de fruits. Pour le cake rouge, mixez le basilic avec la purée de fraises avant de l'ajouter à la pâte. Dosez les colorants pour avoir des pâtes de couleurs vives. Beurrez un moule carré de 16 cm de côté et 4 cm de hauteur. Versez la pâte et enfournez pour 25 minutes environ.

LE CRÉMEUX AU CHOCOLAT

Faites tremper la gélatine dans un bol d'eau froide. Préparez une crème anglaise (voir page 116). Versez-la sur le chocolat et la gélatine essorée tout en émulsionnant. Passez au mixeur plongeant pour parfaire l'émulsion. Réservez au frais 4 à 6 heures.

LA DÉCO EN CHOCOLAT

Réchauffez chaque beurre de cacao coloré au bain-marie. Appliquez-les au pinceau sur une feuille guitare et laissez cristalliser. Tempérez le chocolat (voir page 121), appliquez-le sur le beurre de cacao, laissez cristalliser, puis découpez une quinzaine de carrés de 4 cm de côté pour chaque couleur.

LE MONTAGE

Dans chaque gâteau, découpez un rectangle de 12 cm de côté. Recoupez-les en 3 bandes égales de 4 cm. Posez côte à côte 3 bandes, une de chaque couleur. Soudez-les avec du crémeux. Couvrez-les de crémeux et posez 3 autres bandes de gâteau en alternant les couleurs. Fixez avec du crémeux. Renouvelez l'opération pour le troisième étage. Recouvrez tout le gâteau de crémeux et lissez soigneusement. Collez les carrés de chocolat sur chaque face du gâteau en alternant les couleurs.

• L'ASTUCE •

Pour que votre cake reste moelleux plus longtemps, privilégiez un mélange huile-beurre.

TUBES DE L'ÉTÉ

Vive les fraises !

POUR 8 PERSONNES

Préparation : 2 h • Cuisson : 15 min • Réfrigération : 1 h

Pour la pâte sucrée au citron vert

140 g de beurre pommade • 75 g de sucre glace • Le zeste de 1 citron vert • 30 g de poudre d'amandes • 1 pincée de fleur de sel • 1/2 gousse de vanille • 1 œuf • 240 g de farine T55

Pour la crème légère au litchi et citron vert

20 g de sucre • 4 jaunes d'œufs • 15 g de farine • 15 g de Maïzena® • 250 g de jus de litchi • Le jus et le zeste de 1 citron vert • 30 g de beurre • Du colorant rose ou rouge • 200 g de crème liquide

Pour le confit de fraises et verveine citronnelle

200 g de fraises fraîches • 2-3 g de feuilles de verveine-citronnelle • 15 g de sucre • 3,2 g de pectine NH

Pour le montage

50 g de chocolat blanc • 250 g de fraises fraîches • Du zeste de citron vert râpé • Des petites feuilles de verveine-citronnelle

LA PÂTE SUCRÉE AU CITRON VERT

Préchauffez le four à 170 °C (th. 5-6). Dans le bol du robot, crémez à la feuille le beurre, le sucre glace et le zeste râpé du citron vert. Ajoutez la poudre d'amandes, la fleur de sel, les grains de la gousse de vanille, les œufs et la farine. Ne travaillez pas trop la pâte. Quand elle est homogène, aplatissez-la finement au rouleau entre 2 feuilles de papier cuisson et réservez au frais 30 minutes. Abaissez la pâte à environ 3 mm d'épaisseur. Piquez-la à la fourchette, puis détaillez-la en rectangles de 7,5 x 10 cm. Enroulez-les sur des tubes de 2,5 cm de diamètre beurrés. Enfournez pour environ 15 minutes.

LA CRÈME LÉGÈRE AU LITCHI ET CITRON VERT

Dans un cul-de-poule, mélangez le sucre et les jaunes d'œufs, puis ajoutez les poudres tamisées. Portez à ébullition le jus de litchi, le jus de citron et le zeste râpé. Mélangez-en la moitié avec le contenu du cul-de-poule, puis reversez le tout dans la casserole. Faites épaissir sur feu moyen pendant 1 minute environ sans cesser de remuer. Débarrassez dans un cul-de-poule. Ajoutez le colorant. Laissez tiédir à 40 °C, puis incorporez le beurre. Filmez au contact et mettez au frais 1 heure. Montez la crème en chantilly mousseuse et incorporez-la à la crème litchi-citron vert. Réservez au frais dans une poche.

LE CONFIT DE FRAISES ET VERVEINE CITRONNELLE

Passez les fraises et la verveine-citronnelle au mixeur plongeant. Faites tiédir la purée obtenue. Mélangez le sucre et la pectine NH. Ajoutez-les aux fruits et portez à ébullition. Réservez 1 à 2 heures au réfrigérateur.

LE MONTAGE

Faites des copeaux de chocolat blanc à l'aide d'un couteau. Pochez de la crème litchi-citron vert dans chaque tube, couvrez de petits dés de fraises et de confit, puis de crème. Décorez de morceaux de fraises, de copeaux de chocolat blanc, de zestes de citron vert et de feuilles de verveine-citronnelle.

• LES ASTUCES •

- Beurrez les tubes (ou les moules) et mettez-les quelques minutes au réfrigérateur pour que le beurre fige.

- Avant d'enfourner, mettez la pâte foncée dans le moule ou sur les tubes quelques minutes au congélateur.

WORLD CUP CAKE

Clin d'œil à la Coupe du Monde par un « foot » de pâtisserie !

POUR 10-12 PERSONNES

Préparation : 2 h 30 • Cuisson : 20 min • Réfrigération : 1 h

Pour la génoise à la rose

6 œufs • 180 g de sucre • 140 g de farine • 60 g de poudre d'amandes • 2 c. à s. d'eau de rose

Pour le coulis gélifié de fraises et framboises

300 g de purée de fraises • 100 g de purée de framboises • 30 g de sucre • 6,4 g de pectine NH • 1 gousse de vanille

Pour la crème mousseline à la vanille

5 jaunes d'œufs • 80 g de sucre • 20 g de farine • 20 g de Maïzena® • 350 g de lait • 150 g de crème liquide • 150 g de beurre • 3 gousses de vanille • 1 feuille de gélatine

Pour le sirop d'imbibage

100 g d'eau • 80 g de sucre • Quelques fraises et framboises

Pour la ganache au chocolat

120 g de chocolat noir de couverture à 64 % de cacao • 70 g de crème liquide • 30 g de beurre • 10 g de miel d'acacia

Pour la crème de glaçage

300 g de mascarpone • 250 g de crème liquide • 50 g de crème épaisse • 50 g de sucre glace • 60 g pâte de pistaches

LA GÉNOISE À LA ROSE

Préchauffez le four à 180 °C (th. 6). Beurrez un moule en forme de demi-sphère de 16 cm de diamètre et un moule à charlotte de 16 cm de diamètre. Faites chauffer au bain-marie les œufs et le sucre tout en fouettant jusqu'à ce que le mélange atteigne 50 °C. Retirez du feu et fouettez au robot jusqu'à refroidissement. Ajoutez l'eau de rose. Incorporez les poudres tamisées à la maryse en deux fois. Versez la préparation dans les moules beurrés et enfournez pour 20 minutes environ.

LE COULIS GÉLIFIÉ DE FRAISES ET FRAMBOISES

Faites tiédir les purées de fruits et la gousse de vanille fendue en deux et grattée. Mélangez le sucre et la pectine NH. Ajoutez le mélange et portez à ébullition. Laissez refroidir.

LA CRÈME MOUSSELINE À LA VANILLE

Faites ramollir la gélatine dans de l'eau froide. Préparez une crème pâtissière (voir page 66). Débarrassez-la dans un cul-de-poule et incorporez la gélatine essorée. Laissez tiédir la crème à 40 °C, puis incorporez le beurre. Filmez au contact et réservez au frais. Montez la crème au batteur et mettez-la en poche.

LE SIROP D'IMBIBAGE

Portez à ébullition l'eau, le sucre et les fruits, puis chinoisez.

LA GANACHE AU CHOCOLAT

Préparez la ganache (voir page 118) et réservez-la en poche.

LA CRÈME DE GLAÇAGE

Montez le mascarpone et les crèmes en chantilly bien ferme. Ajoutez le sucre glace. Prélevez les deux-tiers de la crème et incorporez la pâte de pistaches. Mettez-la en poche. Mettez aussi le reste de crème blanche en poche.

LE MONTAGE

Fendez les génoises en deux horizontalement. Punchez la face interne de chaque morceau, puis reformez-les en alternant les couches de crème et de coulis gélifié. Assemblez les génoises, en posant la base de la demi-sphère sur la charlotte, et collez à la crème de glaçage. Glacez légèrement le tout pour avoir une couche d'accroche. Tracez des polygones sur la demi-sphère et décorez de ganache et de crème blanche pour faire le ballon. Pochez la crème à la pistache sur le tour et toute la base.

• L'ASTUCE •

Pour réaliser un pochage régulier du ballon, utilisez des gabarits (hexagones pour les zones blanches et pentagones pour les zones noires) en carton de 4 cm de large.

Les romantiques

CROUSTI-MOELLEUX SIGNATURE

Mes saveurs préférées !

POUR 8 PERSONNES

Préparation : 1 h 30 • Cuisson : 20 min • Réfrigération : 2 h

Pour la dacquoise à la pistache

100 g de blancs d'œufs à température ambiante (environ 3 œufs) • 60 g de sucre • 70 g de poudre de pistaches • 30 g de sucre glace • 15 g de farine • 40 g de pistaches concassées

Pour la crème onctueuse à la vanille

2 jaunes d'œufs • 20 g de sucre • 10 g de farine • 10 g de Maïzena® • 200 g de lait • 1 gousse de vanille • 20 g de beurre • 100 g de crème liquide • 100 g de mascarpone

Pour le confit de framboises

200 g de purée de framboises • 20 g de sucre • 2,5 g de pectine NH

Pour le disque en chocolat blanc

50 g de chocolat blanc de couverture

Pour le montage

250 g de framboises fraîches • 200 g de poudre de pistaches

LA DACQUOISE À LA PISTACHE

Préchauffez le four à 180 °C (th. 6) en mode chaleur tournante. Montez les blancs d'œufs en neige avec 1 cuillère à soupe de sucre. Quand ils sont fermes, ajoutez le reste du sucre progressivement et continuez à battre pour obtenir une meringue bien brillante. Tamisez les poudres ensemble, incorporez-les délicatement et en plusieurs fois à la meringue. Versez la pâte dans un cercle de 20 cm de diamètre. Saupoudrez de pistaches concassées et de sucre glace. Enfournez pour 12 à 15 minutes, en tournant la plaque à mi-cuisson. Laissez refroidir la dacquoise sur une grille.

LA CRÈME ONCTUEUSE À LA VANILLE

Préparez une crème pâtissière. Dans un cul-de-poule, mélangez le sucre et les jaunes d'œufs, puis incorporez les poudres tamisées. Portez à ébullition le lait et la gousse de vanille fendue, mélangez-en la moitié avec le contenu du cul-de-poule, puis reversez le tout dans la casserole. Faites épaissir sur feu moyen pendant 1 minute sans cesser de remuer. Débarrassez dans un cul-de-poule et incorporez le beurre. Filmez au contact et mettez au réfrigérateur au moins 1 heure. Montez la crème liquide et le mascarpone en chantilly souple, puis incorporez-la à la crème pâtissière. Mettez en poche et réservez au frais.

LE CONFIT DE FRAMBOISES

Faites tiédir les purées de fruits. Mélangez le sucre et la pectine NH. Ajoutez ce mélange aux fruits et portez à ébullition quelques minutes tout en remuant. Laissez refroidir à température ambiante.

LE DISQUE EN CHOCOLAT BLANC

Tempérez le chocolat (voir page 121) et étalez-le finement sur une feuille guitare. Laissez-le cristalliser légèrement et détaillez un anneau à l'aide d'un cercle de 20 cm et d'un autre plus petit de 8-10 cm. Recouvrez d'une feuille de papier sulfurisé et laissez cristalliser.

LE MONTAGE

Décerclez le biscuit. Badigeonnez les côtés de confit de framboises et appliquez de la poudre de pistaches. Étalez du confit sur le dessus, disposez des framboises sur le tour, puis pochez de la crème à la vanille. Recouvrez avec l'anneau en chocolat. Garnissez le centre de framboises et décorez selon votre envie !

• LES ASTUCES •

- Vous pouvez remplacer le confit par de la confiture de framboises.

- Pour éviter que le chocolat ne gondole, laissez-le cristalliser entre 2 plaques.

TIRAMISU SPÉCULOOS

Souvenir d'une découverte en Hollande

POUR 8 PERSONNES

Préparation : 2 h • Cuisson : 20 min • Réfrigération : 2 h

Pour le biscuit cuillère au spéculoos

2 œufs • 60 g de sucre • 20 g de farine • 20 g de Maïzena® • 20 g de poudre de spéculoos • Du sucre glace

Pour la crème mascarpone-vanille

200 g de mascarpone • 200 g de crème liquide • 2 blancs d'œufs • 60 g de sucre • 1 gousse de vanille

Pour la crème légère au café

200 g de lait • 4 g de café soluble • 30 g de sucre • 2 jaunes d'œufs • 7 g de farine • 7 g de Maïzena® • 20 g de beurre • 100 g de chantilly mascarpone-vanille

Pour les tuiles en chocolat

8 g d'eau • 15 g de beurre • 30 g de sucre semoule • 0,5 g de pectine NH • 1 g de cacao en poudre • 10 g de sirop de glucose • 10 g de chocolat de couverture • 1 pincée de fleur de sel

Pour le montage

200 g de poudre de spéculoos

LE BISCUIT CUILLÈRE AU SPÉCULOOS

Préchauffez le four à 190 °C (th. 6-7). Cassez les œufs en séparant les blancs des jaunes. Montez les blancs en neige. Quand ils sont légèrement montés, ajoutez le sucre petit à petit pour obtenir une neige bien ferme. Ajoutez les jaunes d'œufs, battez 5 secondes, puis arrêtez le batteur. Versez les poudres en pluie et incorporez-les délicatement à la spatule. Répartissez la pâte dans 8 cercles de 8 cm de diamètre. Saupoudrez de sucre glace et enfournez pour 8 à 12 minutes.

LA CRÈME MASCARPONE-VANILLE

Montez le mascarpone, la crème et les grains de la gousse de vanille en chantilly. Réservez-en 100 g pour la crème au café. Montez les blancs d'œufs en neige. Lorsqu'ils sont légèrement montés, ajoutez le sucre pour les serrer. Incorporez-les à la chantilly. Réservez au frais dans une poche avec une douille lisse.

LA CRÈME LÉGÈRE AU CAFÉ

Préparez une crème pâtissière (voir page 66), après avoir fait infusé le café dans le lait chaud. Filmez au contact et mettez au frais 1 heure. Incorporez 100 g de crème chantilly mascarpone-vanille, puis réservez au frais dans une poche avec une douille cannelée.

LES TUILES EN CHOCOLAT

Préchauffez le four à 180 °C (th. 6). Dans une casserole, mélangez au fouet la moitié du sucre, l'eau et le beurre. Dans un autre récipient, mélangez le reste de sucre, la pectine et le cacao, puis versez dans la casserole. N'ajoutez pas la pectine à un mélange chaud, elle risquerait de « grainer ». Ajoutez le glucose et portez à ébullition. Hors du feu, ajoutez le chocolat et mélangez délicatement. Ajoutez la fleur de sel, puis étalez la pâte finement sur une feuille siliconée et enfournez pour 8 à 10 minutes.

LE MONTAGE

Décerclez les biscuits et fendez-les en deux. Punchez-les légèrement avec du café froid légèrement sucré et appliquez de la poudre de spéculoos sur les côtés. Prélevez un rond de 2-3 cm de diamètre au centre de 4 biscuits. Montez les desserts en pochant des boules de crèmes sur les biscuits entiers et en alternant les couleurs. Couvrez d'un biscuit évidé et pochez à nouveau les crèmes. Décorez de brisures de tuiles en chocolat.

• L'ASTUCE •

Pour ne pas faire redescendre les blancs montés de la pâte à gâteau, stoppez le batteur juste après l'ajout des jaunes d'œufs.

abdelKarim

abdelKarim

TROPÉZIENNE AUX SAVEURS D'AILLEURS

La fleur d'oranger, une histoire de famille

POUR 8 PERSONNES

Préparation : 3 h • Cuisson : 30 min • Réfrigération : 1 nuit • Repos : 2 h

Pour le sirop

100 g d'eau • 50 g de sucre semoule • 1 c. à s. d'eau de fleur d'oranger

Pour le tangzhong

100 g d'eau • 100 g de lait • 2 c. à s. d'anis vert • 40 g de farine

Pour la pâte à brioche

20 g de levure fraîche • 50 g de lait • 1 c. à s. d'eau de fleur d'oranger • 450 g de farine • 1 c. à c. de sel • 100 g de sucre • Le zeste de 1 citron • Le zeste de 1/2 orange • 1 gousse de vanille • 2 œufs • 60 g d'huile d'olive • 100 g de sucre en grains ou sucre casson • 100 g de pralines roses • Pour la dorure : 1 œuf battu + 1 c. à s. de lait

Pour la crème légère

100 g de lait demi-écrémé • 50 g de crème liquide • 1 gousse de vanille • 3 jaunes d'œufs • 20 g de sucre • 15 g de farine et Maïzena® • 2 feuilles de gélatine • 100 g de chocolat blanc de couverture • 50 g de cream cheese Philadelphia® • 2 c. à s. d'eau de fleur d'oranger • Du colorant orange • 250 g de crème liquide

Pour le praliné au sésame

40 g de chocolat à 70 % de cacao • 100 g de praliné • 20 g de sésame doré • 20 g de sésame noir

LE SIROP

Portez l'eau et le sucre à ébullition. Hors du feu, ajoutez l'eau de fleur d'oranger et laissez refroidir.

LE TANGZHONG

Faites chauffer l'eau, le lait et l'anis, laissez infuser et filtrez. Réchauffez la préparation avec la farine jusqu'à épaississement (environ 65 °C), puis laissez refroidir.

LA PÂTE À BRIOCHE

Dans la cuve du robot, déposez les ingrédients dans l'ordre, sauf le sucre casson et les pralines. Ajoutez le tangzhong. Pétrissez à vitesse lente pendant 10 minutes. Mettez la pâte dans un saladier fariné, filmez et laissez pousser 1 heure à température ambiante. Rabattez la pâte, puis mettez-la en boule dans un saladier, filmez et laissez reposer une nuit au frais. Dégazez la pâte, incorporez quelques pralines roses concassées et rabattez-la. Façonnez une boule, puis une couronne. Couvrez d'un torchon et laissez pousser 1 heure. Préchauffez le four à 180 °C (th. 6). Appliquez la dorure sur la couronne, saupoudrez de sucre casson et enfoncez 6 pralines pour délimiter les parts. Enfournez pour environ 25 minutes.

LA CRÈME LÉGÈRE

Hydratez la gélatine dans de l'eau froide. Préparez une crème pâtissière (voir page 66). Versez-la sur le chocolat blanc et la gélatine essorée. Mélangez pour homogénéiser tout en ajoutant l'eau de fleur d'oranger. Incorporez le colorant et réservez au frais 2 heures. Montez la crème et le cream cheese en chantilly mousseuse et incorporez-la à la crème. Mettez dans une poche avec une douille cannelée et réservez au frais.

LE PRALINÉ AU SÉSAME

Faites fondre le chocolat, puis mélangez avec le praliné et les sésames. Étalez entre 2 feuilles de papier cuisson et réservez 15 minutes au congélateur.

LE MONTAGE

Fendez la couronne en deux. Imbibez légèrement la partie basse de sirop. Pochez une très fine couche de crème et déposez des disques de praliné au sésame. Pochez de la crème et refermez avec le chapeau.

• L'ASTUCE •

À la sortie du four, lustrez la brioche avec le sirop pour lui donner du brillant et la rendre encore plus appétissante.

PANCAKES AUX ÉPICES

Idéal pour un brunch gourmand !

POUR 6-8 PERSONNES

Préparation : 20 min • Cuisson : 5 min • Repos : 30 min

230 g de farine
60 g de sucre
1 sachet de levure chimique
1/2 c. à c. de bicarbonate alimentaire
1 c. à s. de cannelle
1 c. à c. de gingembre
1 pincée de noix de muscade
1 pincée de poudre de clous de girofle
1 pincée de sel
3 œufs
50 g de beurre fondu
1 c. à s. d'eau de fleur d'oranger
1 c. à c. de vanille liquide
380 g de lait fermenté
Du sirop d'érable

Dans un grand saladier, mélangez les poudres ensemble. Clarifiez les œufs, c'est à dire séparez les jaunes des blancs. Dans un second récipient, fouettez les jaunes d'œufs, l'eau de fleur d'oranger, la vanille liquide et le beurre fondu, puis ajoutez le lait fermenté progressivement. Versez ce mélange sur les ingrédients secs et battez à l'aide d'un fouet à main jusqu'à ce que la farine soit tout juste incorporée. Montez les blancs d'œufs en neige avec une pincée de sel et incorporez-les progressivement à la pâte. Laissez reposer 15 à 30 minutes. Faites chauffer une grande poêle à feu moyen. Huilez-la légèrement et déposez une petite louche de pâte. Quand le dessous est bien doré ou que des bulles se forment à la surface, retournez le pancake et laissez dorer la deuxième face. Servez les pancakes encore chauds avec du sirop d'érable.

• LES ASTUCES •

- L'atout du sirop d'érable : il fait ressortir la saveur des épices.

- La température de la poêle est très importante ; elle doit être chaude mais pas trop. Adaptez-la en fonction de la cuisson de vos pancakes.

- Si vous n'avez pas de lait fermenté, mettez 1 cuillère à soupe de jus de citron dans 380 g de lait entier. Laissez reposer 10 minutes et versez dans la pâte.

WEDDING CAKE

Pour les grands événements

POUR 80 PERSONNES

Préparation : 4 h • Cuisson : 1 h • Réfrigération : 16 h

Pour le red velvet cake

1,25 kg de farine • 1,5 kg de sucre • 1,20 kg de lait fermenté • 600 g de beurre fondu • 100 g de cacao • 5 paquets de levure chimique • 10 gousses de vanille • 10 œufs • Quelques pincées de sel • Du colorant alimentaire rouge

Pour la ganache montée à la vanille

800 g de chocolat blanc • 2,4 kg de crème liquide • 50 g de miel d'acacia • 12 feuilles de gélatine • 15 gousses de vanille

Pour le croustillant duja vanille (d'après Philippe Conticini)

420 g d'amandes blanches • 60 g de sucre glace • 30 g de beurre • 270 g de chocolat blanc • 6 pincées de fleur de sel • 150 g de crêpes dentelles • Les grains de 6 gousses de vanille

Pour la déco

De la pâte à sucre colorée • 1 bombe velours blanche • 1 bombe velours rouge

Pour le montage

700-800 g de framboises • Une gâteau en polystyrène de 32 cm de diamètre et 12 cm de haut • 2 plateaux à gâteaux en carton • 4 piliers à gâteaux en bois ou en plastique ajustables

LE RED VELVET CAKE

Dans un saladier, blanchissez 6 œufs avec 900 g de sucre, puis ajoutez 360 g de beurre fondu. Dans un second récipient, mélangez 750 g de farine, 3 paquets de levure, 60 g de cacao, les grains de 6 gousses de vanille et du sel. Versez petit à petit 720 g de lait fermenté en mélangeant, puis incorporez au mélange œuf-sucre-beurre. Ajoutez le colorant. Répartissez la pâte dans 3 moules de 26 cm de diamètre. Enfournez pour 30 minutes environ. Pendant ce temps, préparez la seconde pâte en renouvelant les étapes ci-dessus. Répartissez-la dans 3 moules de 13 cm de diamètre avant d'enfourner.

LA GANACHE MONTÉE À LA VANILLE

Faites ramollir la gélatine dans une bol d'eau froide. Préparez une ganache avec 400 g de crème (voir page 118), puis incorporez la gélatine essorée. Ajoutez le reste de crème bien froide. Réservez 1 nuit au réfrigérateur. Montez la crème au fouet comme une chantilly et mettez-la en poche.

LE CROUSTILLANT DUJA VANILLE

Mixez les amandes et le sucre glace jusqu'à obtenir une pâte. Faites fondre le chocolat et le beurre. Mélangez tous les ingrédients ensemble. Étalez sur 3-4 mm d'épaisseur entre 2 feuilles de papier cuisson et réservez 15 minutes au congélateur.

LA DÉCO

Réalisez des fleurs et des feuilles en pâte à sucre.

LE MONTAGE

Posez deux cercles sur les supports en carton et chemisez-les de rhodoïd. Pochez de la ganache sur la paroi intérieure des cercles au niveau du carton. Posez un gâteau, couvrez-le de ganache, puis d'un rond de croustillant et à nouveau de ganache. Parsemez de framboises et recouvrez de ganache, puis d'un deuxième gâteau. Recommencez et terminez en couvrant les gâteaux de ganache. Lissez, puis piquez les piliers dans le gâteau le plus grand. Placez les gâteaux au congélateur pendant 6 à 8 heures. Décerclez-les et appliquez les sprays velours après les avoir réchauffés au bain-marie. Superposez les gâteaux et décorez avec les éléments en pâte à sucre.

• L'ASTUCE •

Pour un effet velours réussi, le gâteau doit être bien congelé. Mais vous pouvez aussi opter pour une autre couverture si vous le souhaitez.

SUMMER
- NOW -

MACARONS EXOTIQUES

POUR 50 MACARONS

Préparation : 40 min • Cuisson : 15 min • Réfrigération : 2 h

Pour les coques des macarons

125 g de blancs d'œufs • 250 g de sucre semoule • 75 g de blancs d'œufs • Du colorant en poudre jaune • 250 g de sucre glace • 250 g de poudre d'amandes

Pour le confit exotique

10 g de beurre • Le zeste de 1 citron vert • Le jus de 1/2 citron vert • 5 g de gingembre • 500 g de purée d'ananas • 2 gousses de vanille • 10 g de pectine NH • 15 g de sucre muscovado • 15 g de sucre semoule

Pour la ganache exotique

180 g de crème liquide • 1 gousse de vanille • 10 g de miel d'acacia • 250 g de chocolat blanc de couverture • 300 g de confit exotique

LES COQUES DES MACARONS

Faites une meringue suisse avec les 125 g de blancs d'œufs et le sucre semoule (voir page 114). Mélangez la deuxième quantité de blancs d'œufs et le colorant en quantité suffisante. Tamisez ou passez au robot-coupe la poudre d'amandes et le sucre glace. Incorporez ce mélange aux blancs d'œufs colorés. Ajoutez une petite quantité de meringue pour détendre le mélange, puis incorporez le reste à l'aide d'une corne en effectuant un macaronnage (c'est-à-dire en mélangeant énergiquement) jusqu'à ce que l'appareil fasse un ruban. Attention à ne pas trop travailler la pâte ! Mettez-la dans une poche munie d'une douille lisse et pochez les coques sur une feuille siliconée. Laissez croûter 15 à 20 minutes à l'air libre. Préchauffez le four à 140-150 °C (th. 4-5) et enfournez pour 12 minutes environ.

LE CONFIT EXOTIQUE

Râpez le gingembre. Mélangez le sucre semoule et la pectine. Dans une casserole, faites tiédir le beurre, la purée d'ananas, le sucre muscovado, la gousse de vanille fendue et grattée, le zeste et le jus de citron vert et le gingembre râpé. Ajoutez le mélange sucre-pectine en pluie tout en mélangeant au fouet. Portez à ébullition 2 minutes, puis débarrassez.

LA GANACHE EXOTIQUE

Portez à frémissement la crème liquide et la gousse de vanille fendue et grattée pour qu'elle infuse. Retirez la gousse et portez à ébullition la crème vanillée et le miel. Versez sur le chocolat de couverture préalablement haché et émulsionnez. Incorporez 300 g de confit exotique, mettez en poche et placez au frais pour au moins 2 heures. Mettez également le reste de confit exotique au frais, il servira d'insert au moment du montage.

LE MONTAGE

Appairez les coques de macarons et creusez légèrement l'intérieur avec le pouce pour faciliter le pochage de la crème. Pochez une boule de ganache exotique sur une coque, puis du confit exotique à l'intérieur de la ganache. Refermez délicatement avec une seconde coque.

• LES ASTUCES •

- Pour éviter les grumeaux, tamisez le sucre glace et la poudre d'amandes ou mixez-les au robot-coupe quelques secondes. Ce mélange à quantité égale de poudre d'amandes et de sucre glace est appelé tant pour tant.

- À chacun son four ! La température et le temps de cuisson varient d'un four à l'autre et sont donc à adapter.

- Conservez vos macarons au frais pendant 24 à 48 heures, ils seront encore meilleurs !

SPHÈRE BELLE-HÉLÈNE

POUR 6 PERSONNES

Préparation : 1 h 30 • Cuisson : 15 min • Réfrigération : 1 h 30 • Repos : 30 min à 1 h

Pour la pâte sucrée au cacao

150 g de beurre mou • 100 g de sucre glace • 1 pincée de sel • 30 g de poudre d'amandes • 35 g de cacao • 1 œuf • 220 g de farine T55

Pour les poires pochées

250 g d'eau • 250 g de sucre • 1 gousse de vanille • 1 étoile de badiane • 2 poires Conférence

Pour les demi-sphères en chocolat

200 g de chocolat noir de couverture à 64 % de cacao • Des billes dorées

Pour le confit de poires à la vanille

150 g de purée de poires • 1 gousse de vanille • 15 g de sucre • 2 g de pectine NH

Pour la mousse à la vanille

200 g de mascarpone • 200 g de crème liquide • 1 gousse de vanille • 2 blancs d'œufs • 80 g de sucre semoule

LA PÂTE SUCRÉE AU CACAO

Mélangez le beurre et le sucre glace, puis ajoutez le sel, la poudre d'amandes et le cacao. Incorporez l'œuf. Ajoutez la farine tamisée et mélangez sans trop travailler la pâte. Formez une boule, enveloppez-la de film alimentaire et laissez reposer au frais au moins 1 heure. Abaissez la pâte sur une épaisseur de 3-4 mm entre 2 feuilles guitare. Découpez des disques de 12 cm et garnissez 6 moules en forme de demi-sphères de 7 cm de diamètre. Laissez reposer au frais 30 minutes. Préchauffez le four à 170 °C (th. 5-6). Piquez les pâtes et enfournez pour 15 minutes environ.

LES POIRES POCHÉES

Portez à ébullition l'eau, le sucre, la vanille fendue en deux et la badiane. Pendant ce temps, pelez les poires et prélevez des billes dans leur chair à l'aide d'une cuillère parisienne. Retirez le sirop du feu, plongez les billes de poires, couvrez et laissez pocher 30 minutes à 1 heure.

LES DEMI-SPHÈRES EN CHOCOLAT

Tempérez le chocolat (voir page 121), versez-le dans un cornet ou une poche munie d'une petite douille lisse. Garnissez des moules demi-sphériques en polycarbonate ou en silicone de 7 cm de diamètre, de manière à former de la dentelle. Laissez cristalliser avant de démouler. Réservez.

LE CONFIT DE POIRES À LA VANILLE

Faites tiédir la purée de poires et la gousse de vanille fendue en deux et grattée. Mélangez le sucre et la pectine. Versez sur les fruits et portez à ébullition. Laissez refroidir.

LA MOUSSE À LA VANILLE

Montez le mascarpone et la crème en chantilly bien ferme. Incorporez les grains de la gousse de vanille à la fin. Montez les blancs d'œufs en neige avec le sucre. Mélangez les deux préparations, versez dans une poche munie d'une douille lisse et réservez au réfrigérateur.

LE MONTAGE

Garnissez les tartelettes de confit de poires. Couvrez d'une fine couche de mousse à la vanille et lissez. Déposez des billes de poires et pochez à nouveau de la mousse à la vanille. Refermez avec une demi-sphère en chocolat et décorez d'une bille dorée.

Les irrésistibles

DÔMES VANILLE-TONKA

POUR 6 PERSONNES

Préparation : 1 h 30 • *Cuisson : 20 min* • *Réfrigération : 8 h*

Pour le crémeux à la fève tonka

1 feuille de gélatine • 3 jaunes d'œufs • 25 g de sucre • 110 g de lait • 110 g de crème liquide • 1/2 fève tonka

Pour la ganache montée à l'anglaise

1 feuille de gélatine • 1 gousse de vanille • 50 g de chocolat blanc de couverture • 50 g de crème anglaise (préparée dans le crémeux) • 150 g de crème liquide

Pour le shortbread

50 g de sucre glace • 100 g de beurre demi-sel • 140 g de farine T55

Pour le financier

60 g de beurre • 90 g de blancs d'œufs • 90 g de sucre glace • 60 g de poudre d'amandes • 30 g de farine

Pour le nappage vanille

300 g d'eau • Le jus de 1/2 citron • 150 g de sucre • 10 g de pectine NH • 20 g de glucose • Les grains de 1/2 gousse de vanille

LE CRÉMEUX À LA FÈVE TONKA

Hydratez la gélatine dans de l'eau froide. Réalisez une crème anglaise (voir page 116) après avoir fait infusé la fève tonka râpée dans le lait chaud. Incorporez la gélatine essorée, puis réservez 50 g pour la ganache montée. Répartissez le reste dans des moules de 5 cm sur une épaisseur de 1,5 cm pour faire des palets et placez au congélateur pendant 3 heures.

LA GANACHE MONTÉE À L'ANGLAISE

Hydratez la gélatine dans de l'eau froide. Hachez le chocolat et placez-le dans un cul-de-poule avec les grains de la gousse de vanille et la gélatine essorée. Émulsionnez avec les 50 g de crème anglaise chaude. Ajoutez le reste de crème liquide bien froide tout en émulsionnant au mixeur plongeur. Réservez au frais 8 heures (ou 1 nuit) puis montez au fouet comme une chantilly.

LE SHORTBREAD

Préchauffez le four à 170 °C (th. 5-6). Crémez le beurre et le sucre. Ajoutez la farine et mélangez jusqu'à ce que la pâte soit homogène. Étalez-la sur une plaque recouverte de papier cuisson sur une épaisseur de 2-3 mm et piquez-la à la fourchette. Enfournez pour 10 minutes.

LE FINANCIER

Faites un beurre noisette. Montez les blancs d'œufs en neige avec une pincée de sucre. Incorporez les poudres aux blancs montés, puis le beurre noisette encore chaud. Coulez sur le shortbread refroidi et enfournez à 170 °C (th. 5-6) pour 10 minutes environ. Le financier doit être légèrement doré pour que le biscuit conserve son moelleux. À la sortie du four, détaillez des cercles de 6 cm de diamètre.

LE NAPPAGE VANILLE

Mélangez le sucre et la pectine. Dans une casserole, faites chauffer l'eau et le jus de citron jusqu'à atteindre 50 °C. Ajoutez le mélange sucre-pectine tout en mélangeant au fouet, puis portez à ébullition. Retirez du feu, ajoutez le glucose et les grains de vanille, puis portez de nouveau à ébullition. Retirez du feu et chinoisez. Utilisez ce glaçage à 40-45 °C environ.

LE MONTAGE

Remplissez des moules demi-sphériques de 7 cm à mi-hauteur avec la ganache montée, puis posez un insert de crémeux congelé. Couvrez de ganache et surmontez d'un biscuit. Placez au congélateur pour 4 heures. Démoulez les dômes, appliquez le glaçage transparent et décorez avec du chocolat blanc.

• L'ASTUCE •

Le nappage vanille peut également être appliqué sur des fruits pour les protéger de l'oxydation.

DOUCEURS ACIDULÉES

POUR 8 PERSONNES

Préparation : 1 h • Cuisson : 20 min • Réfrigération : 4 h

Pour la pâte sucrée au citron

150 g de beurre à température ambiante • 100 g de sucre glace • 30 g d'amandes en poudre • 1 pincée de fleur de sel • Le zeste de 1 citron • 1 œuf • 250 g de farine

Pour le crémeux citron-citron vert-basilic

120 g de sucre • 100 g de jus de citron jaune • Le zeste de 2 citrons jaunes • 100 g de jus de citron vert • Le zeste de 2 citrons verts • 10 feuilles de basilic • 2 œufs entiers + 2 jaunes • 200 g de beurre pommade • 1 feuille de gélatine

Pour la meringue suisse au citron vert

2 blancs d'œufs • 120 g de sucre • Le zeste de 1 citron vert

LA PÂTE SUCRÉE AU CITRON

Préchauffez le four à 170 °C (th. 5-6). Dans le bol d'un robot, crémez à la feuille le beurre et le sucre glace. Ajoutez la poudre d'amandes, le sel, le zeste de citron et l'œuf. Incorporez la farine en dernier. Ne travaillez pas trop la pâte. Quand elle est homogène, abaissez-la finement au rouleau entre 2 feuilles de papier cuisson. Réservez 2 heures au réfrigérateur. Foncez des cercles à tartelettes ou un cercle à tarte beurré de 20 cm, puis replacez au frais quelques minutes. Enfournez pour 15 minutes ; la pâte doit être dorée.

LE CRÉMEUX CITRON-CITRON VERT-BASILIC

Hydratez la gélatine dans de l'eau froide. Dans une casserole, rassemblez le sucre, les zestes de citrons et le basilic, et laissez infuser pendant environ 10 minutes. Ajoutez les jaunes d'œufs, les œufs entiers et les jus de citrons. Faites épaissir à feu moyen sans cesser de remuer au fouet. Ne portez surtout pas à ébullition, sinon la crème aura un arrière-goût d'omelette ! La crème est prête lorsque le fouet creuse des sillons. Hors du feu, incorporez la gélatine essorée, puis laissez refroidir à 35 °C avant d'incorporer le beurre à l'aide d'un mixeur plongeur. Réservez au frais dans une poche à douille.

LA MERINGUE SUISSE AU CITRON VERT

Mélangez les blancs d'œufs et le sucre. Faites chauffer au bain-marie en fouettant légèrement jusqu'à atteindre 50 °C. Montez ensuite au robot jusqu'à refroidissement et ajoutez le zeste râpé de citron vert.

LE MONTAGE

Garnissez les fonds de tartelettes de crémeux citron-basilic. Dressez la meringue à la poche à douille ou à la cuillère. Cette recette offre de multiples possibilités de dressage, alors laissez libre court à votre imagination ! Décorez de zestes de citron vert et de basilic.

• LES ASTUCES •

- Vous pouvez également détailler la pâte en cercles, carrés ou rectangles sans rebord et les cuire sur plaque après les avoir replacés quelques minutes au frais.

- Pour varier, coulez le crémeux dans un moule en silicone et faites-le prendre au frais pour lui donner la forme souhaitée.

- Pour conserver la tarte plus longtemps, appliquez une couche de nappage transparent.

- Vous pouvez cuire la meringue au four à 90-100 °C (th. 3-4) pendant 1 heure ou la dresser sur la tarte et la brûler au chalumeau.

CHOC O'NOISETTES

POUR 8 PERSONNES

Préparation : 2 h • Cuisson : 15 min • Réfrigération : 8 h

Pour la ganache montée au chocolat

50 g de chocolat noir à 50 % de cacao • 125 g de crème liquide • 10 g de glucose

Pour la dacquoise aux noisettes

100 g de blancs d'œufs à température ambiante (environ 3 œufs) • 60 g de sucre • 70 g de poudre de noisettes • 30 g de sucre glace • 17 g de farine • 40 g de noisettes concassées

Pour la déco

20 g de chocolat noir de couverture • Des éclats de noisettes teintés à la poudre irisée dorée

Pour le praliné fluide

50 g de praliné amandes-noisettes • 30 g de crème liquide

Pour la chantilly au mascarpone

80 g de crème liquide (35 % de MG) • 20 g de mascarpone • 10 g de sucre glace • 1 gousse de vanille

LA GANACHE MONTÉE AU CHOCOLAT

Hachez le chocolat. Faites chauffer 50 g de crème avec le glucose. Versez sur le chocolat et émulsionnez. Continuez l'émulsion en ajoutant le reste de crème liquide bien froide. Réservez 8 heures au réfrigérateur. Montez la ganache au fouet comme une crème chantilly. Mettez-la dans une poche avec une douille à petits fours de 8 mm. Remettez au frais.

LA DACQUOISE AUX NOISETTES

Préchauffez le four à 180 °C (th. 6) en position chaleur tournante. Montez les blancs d'œufs en neige avec 1 cuillère à soupe de sucre. Quand ils sont fermes, versez le reste du sucre progressivement et continuez à battre pour obtenir une meringue bien brillante. Mélangez les poudres ensemble, tamisez-les en plusieurs fois sur la meringue et incorporez. Répartissez la pâte dans 8 cercles de 8 cm de diamètre. Saupoudrez de noisettes concassées et de sucre glace. Enfournez pour 12 à 15 minutes en tournant la plaque à mi-cuisson. Laissez refroidir les biscuits sur une grille.

LA DÉCO

Tempérez le chocolat (voir page 121) et étalez-le finement entre deux feuilles guitare. Laissez-le cristalliser bien à plat entre 2 plaques. Découpez des triangles de différentes tailles.

LE PRALINÉ FLUIDE

Émulsionnez le praliné et la crème liquide. Au besoin, ajustez la quantité de crème ; le mélange doit être bien souple.

LA CHANTILLY AU MASCARPONE

Fouettez légèrement le mascarpone pour le détendre. Ajoutez la crème liquide et le sucre glace. Montez le mélange en chantilly bien ferme. Versez-la dans une poche munie d'une douille cannelée de 6 mm.

LE MONTAGE

Décerclez les dacquoises, appliquez du praliné à la surface et saupoudrez les côtés de sucre glace. Pochez des pointes de ganache montée au chocolat et de chantilly en les alternant. Décorez avec 3 brisures de chocolat et 3 éclats de noisettes dorées.

• LES ASTUCES •

- Utilisez un mixeur plongeur pour parfaire l'émulsion de la ganache.

- Ne montez pas trop la ganache pour éviter que la crème ne tranche.

abdelKarim

DÉLICE DU VERGER

Abricot, nectarine, carotte, romarin, lavande

POUR 8 PERSONNES

Préparation : 1 h • Cuisson : 15 min • Réfrigération : 30 min

Pour la dacquoise carotte-romarin

120 g de blancs d'œufs à température ambiante (environ 4 œufs) • 70 g de sucre • 80 g de poudre d'amandes • 40 g de sucre glace • 20 g de farine • 30 g de carottes râpées • Du romarin séché

Pour la crème légère à l'amande

125 g de lait d'amandes • 40 g de pâte d'amandes à 33 % • 2 jaunes d'œufs • 15 g de mélange farine-Maïzena® • 20 g de beurre • 60 g de crème liquide montée

Pour la garniture de fruits

Des nectarines jaunes • Des abricots • De la lavande séchée • Du sucre glace

Pour le montage

De la confiture d'abricots • De la poudre de pistaches • Des groseilles • De la lavande séchée • Des feuilles de menthe

LA DACQUOISE CAROTTE-ROMARIN

Préchauffez le four à 180 °C (th. 6) en position chaleur tournante. Montez les blancs d'œufs en neige avec 1 cuillère à soupe de sucre. Quand ils sont fermes, ajoutez le sucre progressivement pour obtenir une meringue bien brillante. Mélangez les poudres ensemble et ajoutez-les en plusieurs fois à la meringue tout en les tamisant. Incorporez-les délicatement. Ajoutez les carottes râpées. Versez la pâte dans un cercle de 20 cm de diamètre sur environ 1,5 à 2 cm d'épaisseur. Versez le surplus éventuel dans des cercles individuels. Saupoudrez de romarin et de sucre glace. Enfournez pour 15 minutes environ. Laissez refroidir sur une grille.

LA CRÈME LÉGÈRE À L'AMANDE

Détendez la pâte d'amandes avec le lait d'amandes. Dans un cul-de-poule, mélangez les farines tamisées et les jaunes d'œufs. Portez à ébullition le lait d'amande, mélangez-en la moitié avec le contenu du cul-de-poule, puis reversez le tout dans la casserole et faites épaissir sur feu moyen pendant 1 minute environ sans cesser de remuer. Débarrassez dans un cul-de-poule. Quand la crème atteint 40 °C, incorporez le beurre. Filmez au contact et laissez refroidir au réfrigérateur pendant 30 minutes à 1 heure. Montez la crème en chantilly mousseuse et incorporez-la à la crème à l'amande. Versez-la dans une poche munie d'une douille lisse et réservez au frais.

LA GARNITURE DE FRUITS

Préchauffez le four à 180 °C (th. 6). Rincez et séchez les fruits, coupez-les en deux, dénoyautez-les, puis détaillez leur chair en quartiers. Placez-les dans un plat et saupoudrez de lavande. Enfournez pour 10 à 15 minutes. À la sortie du four, saupoudrez les fruits de sucre glace.

LE MONTAGE

Badigeonnez les côtés de la dacquoise de confiture d'abricots et plaquez de la poudre de pistaches. Posez le gâteau sur le plat de présentation. Sur le dessus, pochez de la crème en serpentin en partant du centre et en laissant un espace sur les bords. Disposez harmonieusement les fruits. Décorez de touches de crème à l'amande, de groseilles, de lavande et de feuilles de menthe.

• LES ASTUCES •

- Pour une cuisson homogène du biscuit, retournez la plaque à mi-cuisson.

- Badigeonnez légèrement les fruits de confiture d'abricots pour éviter qu'ils ne s'oxydent.

COOKIES PEANUT BUTTER

POUR 8 PERSONNES

Préparation : 15 min • Cuisson : 10 min

- 100 g de beurre pommade
- 80 g de cassonade
- 50 g de sucre semoule
- 1 œuf
- 100 g de beurre de cacahuètes
- 150 g de farine T55
- 1 c. à c. de bicarbonate de soude
- Des pépites de chocolat
- Des noix de pécan

Préchauffez le four à 180 °C (th. 6). Dans un saladier, mélangez le beurre et les deux sucres. Ajoutez l'œuf et le beurre de cacahuètes. Incorporez la farine et le bicarbonate de soude tamisés. Terminez en ajoutant des pépites de chocolat hachées et des noix de pécan à volonté ! À l'aide d'une cuillère, formez des tas de pâte et posez-les sur une plaque recouverte de papier cuisson. Aplatissez-les, puis enfournez pour 8 à 10 minutes, en vérifiant régulièrement la cuisson. Les cookies doivent être encore un peu mous au centre, ils durciront en refroidissant !

• L'ASTUCE •

Passez la pâte au réfrigérateur pour la faire refroidir, elle sera plus facile à manipuler.

abdeLKarim

abdeLKarim

abdeLKarim

TARTE CRÉMEUSE AU CHOCOLAT

POUR 8 PERSONNES

Préparation : 1 h • Cuisson : 20 min • Réfrigération : 4 h

Pour la pâte sucrée

150 g de beurre pommade

100 g de sucre glace

30 g d'amandes en poudre

1 pincée de fleur de sel

1 œuf

250 g de farine

Pour le crémeux au chocolat

120 g de lait

120 g de crème liquide

2 jaunes d'œufs

40 g de sucre

180 g de chocolat à 65 % de cacao

20 g de beurre

Pour le disque en chocolat

100 g de chocolat noir de couverture

LA PÂTE SUCRÉE

Préchauffez le four à 170 °C (th. 5-6). Dans le bol du robot, crémez à la feuille le beurre pommade et le sucre glace. Ajoutez la poudre d'amandes, le sel et l'œuf, puis la farine. Ne travaillez pas trop la pâte. Quand elle est homogène, abaissez-la au rouleau entre 2 feuilles de papier cuisson. Réservez 2 heures au réfrigérateur. Foncez un cercle à tarte beurré de 20 cm puis replacez au frais quelques minutes. Enfournez pour 15 minutes environ ; la pâte doit être dorée.

LE CRÉMEUX AU CHOCOLAT

Préparez une crème anglaise (voir page 116). Versez-la sur le chocolat haché et émulsionnez. Incorporez le beurre et lissez au mixeur plongeur. Coulez aussitôt sur le fond de tarte et laissez figer au frais quelques heures.

LE DISQUE EN CHOCOLAT

Tempérez le chocolat (voir page 121) et étalez-le finement sur une feuille guitare. Laissez-le cristalliser légèrement et détaillez un cercle du même diamètre que la tarte. Couvrez d'une feuille de papier sulfurisé et laissez cristalliser entre deux plaques.

LE MONTAGE

Posez le cercle en chocolat sur la tarte et décorez selon votre inspiration ! Dégustez à l'heure du goûter avec un thé ou un bon café.

• LES ASTUCES •

- Pour avoir un fond de tarte bien régulier, éliminez les aspérités à l'aide d'une râpe après cuisson.

- Pour imperméabiliser le fond de tarte, chablonnez-le (badigeonnez-le de chocolat fondu avec un pinceau).

- Vous pouvez opter pour une pâte sucrée au cacao en remplaçant 25 g de farine par 25 g de cacao, voire davantage selon votre goût.

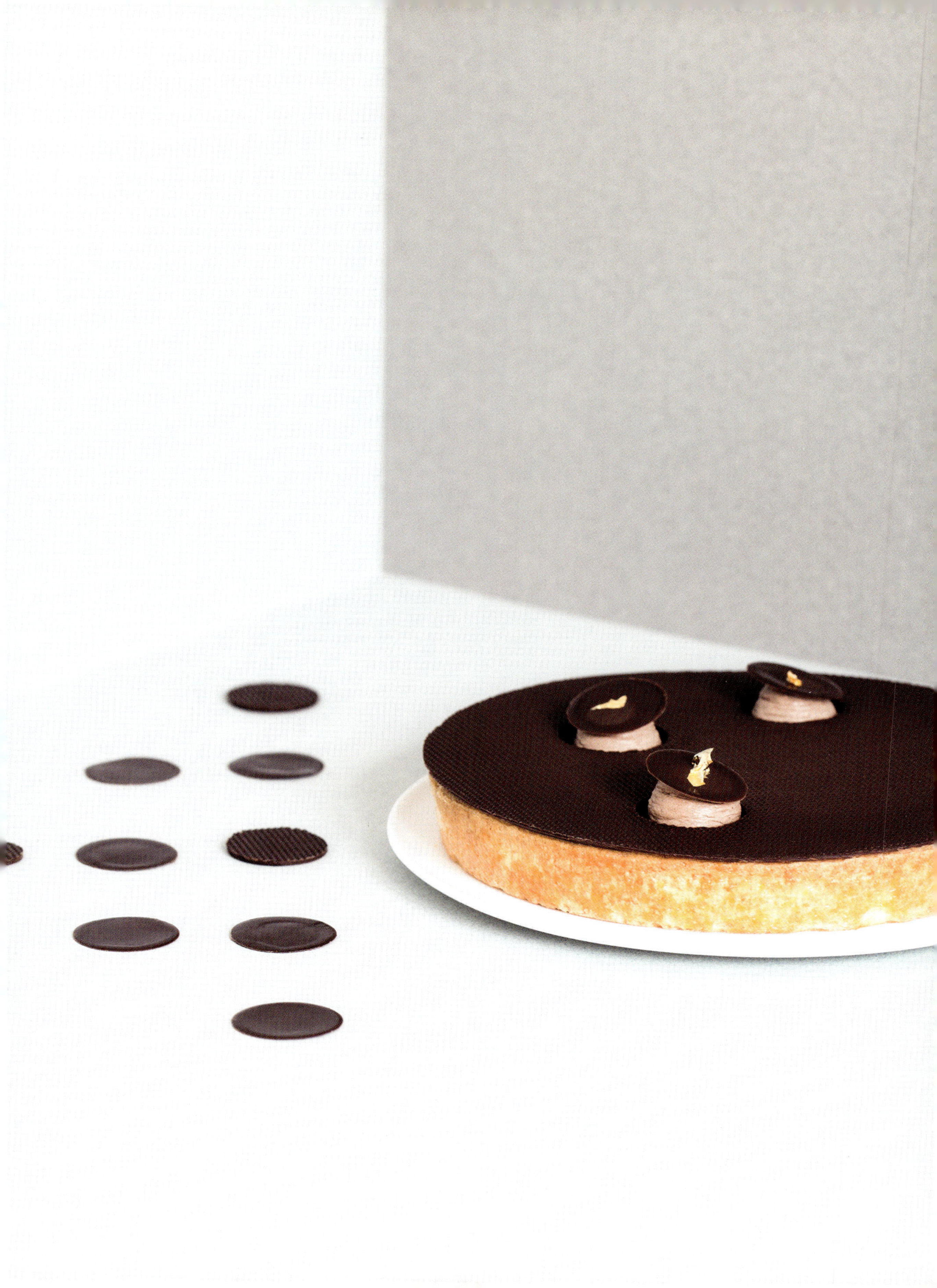

BISCUITS SAVOUREUX

Les saveurs de mon enfance concentrées dans un biscuit

POUR 50 BISCUITS

Préparation : 30 min • Cuisson : 15 min

3 œufs
170 g de sucre glace
150 g d'huile de pépins de raisin
100 g de beurre fondu
50 g de cacahuètes
100 g de graines de sésame grillées
100 g de poudre d'amandes
100 g de pâte de dattes
1 sachet de levure chimique
500 g de farine
1 c. à c de cannelle
De la dorure : 1 œuf battu avec un peu de lait

LES BISCUITS

Préchauffez le four à 180 °C (th. 6). Dans un saladier, fouettez les œufs, ajoutez le sucre glace et battez de nouveau. Ajoutez l'huile et le beurre fondu. Versez ce mélange dans le bol du robot, mélangez tout en ajoutant les cacahuètes concassées, les grains de sésame, la poudre d'amandes et la pâte de dattes. Incorporez 300 g de farine, la levure et la cannelle, puis le reste de farine. Formez des petites boules de 15 à 20 g. Dorez-les à l'aide d'un pinceau. Posez-les sur une plaque recouverte de papier cuisson et enfournez pour 10 à 15 minutes.

• L'ASTUCE •

Donnez une touche personnelle à vos biscuits en mettant d'autres fruits secs à la place des cacahuètes ou du sésame, ou en remplaçant la pâte de dattes par de la pâte de tamarin ou des raisins secs.

Les fondamentaux

PRALINÉ

150 g d'amandes • 150 g de noisettes • 200 g de sucre • 80 g d'eau • 1 pincée de fleur de sel

Déposez les fruits secs sur une plaque et faites-les torréfier 10 à 15 minutes dans le four préchauffé à 170 °C (th. 5-6).

Dans une casserole, faites chauffer l'eau et le sucre à feu moyen jusqu'à atteindre 120 °C.

Hors du feu, ajoutez les fruits secs et remuez à l'aide d'une spatule de manière à bien les enrober.

Arrêtez de mélanger quand les fruits se couvrent d'une pellicule blanche. On appelle cette étape le sablage.

Remettez la casserole sur feu moyen sans cesser de remuer jusqu'à l'obtention d'un caramel ambré.

Versez le mélange sur un tapis en silicone, étalez-le et laissez-le refroidir à température ambiante.

Cassez la plaque de caramel en morceaux, déposez-les dans le bol d'un robot-coupe et ajoutez la fleur de sel.

Mixez, par pulsations successives au départ, jusqu'à l'obtention d'une poudre fine. Vous obtenez du pralin en poudre.

Continuez de mixer jusqu'à obtenir une consistance onctueuse : le praliné. Conservez-le dans une boîte hermétique jusqu'au moment de l'utiliser.

DACQUOISE

100 g de blancs d'œufs à température ambiante (environ 3 œufs) ◆ 60 g de sucre ◆ 70 g de poudre d'amandes (ou d'un autre fruit sec à coque : noisettes, pistaches…) ◆ 30 g de sucre glace ◆ 15 g de farine

Préchauffez le four à 180 °C (th. 6) en position chaleur tournante. Montez les blancs en neige au robot avec une cuillère à soupe de sucre.

Quand ils sont fermes, ajoutez le reste du sucre progressivement et continuez à battre pour obtenir une meringue brillante en bec d'oiseau.

Mélangez les poudres ensemble, ajoutez-les en plusieurs fois à la meringue en les tamisant et incorporez-les délicatement à la maryse.

Versez la pâte à dacquoise dans une poche munie d'une douille lisse de 10-12 mm. Pressez-la légèrement du haut vers le bas pour chasser l'air.

Pochez un disque en spirale en partant du centre sur une plaque couverte de papier cuisson. Saupoudrez de sucre glace et/ou des brisures de fruits secs.

Enfournez pour 12 à 15 minutes environ en tournant la plaque à mi-cuisson. Déposez la dacquoise sur une grille et laissez-la refroidir.

PÂTE À CHOUX

70 g d'eau • 70 g de lait • 60 g de beurre • 5 g de sucre • 1 pincée de sel • 70 g de farine T55 • 2 gros œufs (environ 110-120 g)

Portez doucement à ébullition le lait, l'eau, le sel, le sucre et le beurre coupé en morceaux, en veillant à ce que le beurre soit fondu avant l'ébullition..

À l'ébullition, retirez la casserole du feu et versez la farine tamisée en une seule fois.

Mélangez rapidement et vivement à la cuillère en bois pour incorporer la farine. Ce mélange s'appelle la panade.

Desséchez la panade à feu moyen et à la spatule pendant 2-3 minutes, jusqu'à ce qu'elle se détache des parois.

Débarrassez dans un saladier ou le bol d'un robot et mélangez quelques instants pour refroidir le mélange.

Battez légèrement les œufs et versez-en la moitié. Incorporez à la spatule. La pâte doit être bien lisse et satinée.

Incorporez progressivement le reste des œufs jusqu'à obtenir la bonne consistance de la pâte (la totalité des œufs n'est pas toujours nécessaire). Pour vérifier, tracez un sillon dans la pâte : il doit se refermer progressivement.

Mettez la pâte dans une poche avec une douille de 1 cm. Pressez-la légèrement du haut vers le bas pour chasser l'air.

Dressez les choux sur une plaque recouverte de papier cuisson, en les espaçant car ils vont gonfler à la cuisson.

Si vous n'utilisez pas de craquelin (voir page 23), dorez les choux au jaune d'œuf ou au beurre fondu à l'aide d'un pinceau.

Si vous souhaitez faire des chouquettes, déposez des grains de sucre (ou sucre casson) sur chaque chou.

Enfournez pour 25 minutes à 180 °C (th. 6) en mode chaleur tournante et sans ouvrir la porte. Laissez sécher quelques minutes dans le four éteint.

MERINGUE SUISSE

60 g de blancs d'œufs (environ 2 blancs) ◆ 120 g de sucre (il faut deux fois plus de sucre que de blancs d'œufs)

Déposez les blancs d'œufs et le sucre dans un saladier. Posez-le dans un bain-marie à feu doux : l'eau doit être frémissante. Fouettez doucement jusqu'à ce que le mélange atteigne 50 °C.

Retirez le saladier du bain-marie et versez le contenu dans le bol du robot. Battez jusqu'à refroidissement. La préparation doit faire le bec d'oiseau.

À l'aide d'une spatule ou d'une corne, remplissez de meringue une poche avec la douille de votre choix.

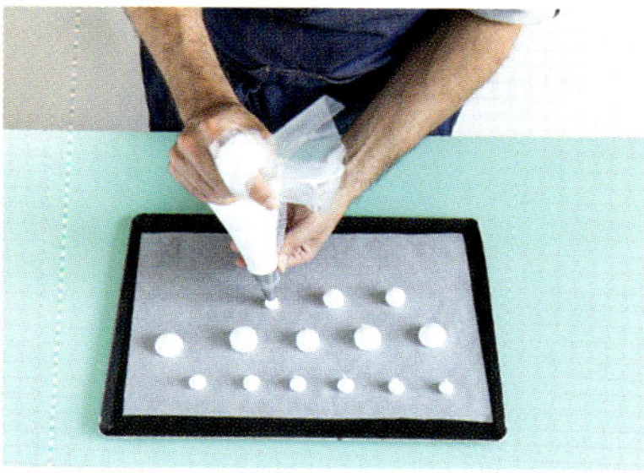

Dressez vos meringues sur la plaque du four recouverte de papier cuisson, en prenant soin de bien les espacer.

Enfournez à 90-100 °C (th. 3-4) environ pour 1 à 2 heures en fonction de la taille des meringues.

CRÈME ANGLAISE

3 jaunes d'œufs • 25 g de sucre • 1 gousse de vanille • 110 g de lait • 110 g de crème liquide

Déposez les jaunes d'œufs dans un cul-de-poule, puis versez le sucre.

Fouettez jusqu'à ce que le mélange blanchisse légèrement.

Fendez la gousse de vanille et grattez les grains avec le dos d'un couteau.

Mettez-les dans une casserole avec le lait et la crème, et portez à ébullition.

Versez en filet la moitié du lait sur le mélange œufs-sucre, tout en remuant.

Reversez doucement le contenu du cul-de-poule dans la casserole.

Faites cuire à feu doux jusqu'à atteindre environ 83 °C. Remuez sans cesse à la cuillère en bois ou à la spatule en faisant des huit.

Lorsque la crème est nappante (tracez un trait au doigt sur la cuillère, les bords doivent se séparer nettement), stoppez la cuisson.

Passez la crème chaude au chinois et faites-la refroidir en déposant le récipient dans un saladier rempli de glaçons.

GANACHE

(méthode d'émulsion)

220 g de chocolat noir de couverture à 65 % de cacao • 200 g de crème liquide • 10 g de miel d'acacia
40 g de beurre

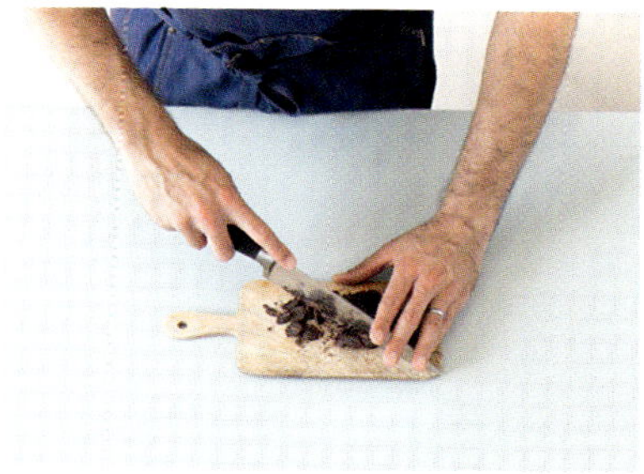

Hachez le chocolat au couteau et placez-le dans un cul-de-poule.

Faites chauffer à frémissement la crème liquide et le miel.

Versez sur le chocolat de manière à le recouvrir, puis patientez quelques secondes, pour qu'il fonde.

Mélangez à la maryse en restant toujours au centre et en faisant de petits ronds pour former un noyau élastique, puis élargissez le geste.

Ajoutez progressivement le reste de crème et continuez à émulsionner. Vous devez obtenir un mélange brillant, synonyme d'une émulsion réussie.

Ajoutez le beurre et incorporez-le au mixeur plongeant. Lissez bien le mélange en veillant à incorporer le moins d'air possible.

Laissez refroidir la ganache à l'air libre ou au réfrigérateur jusqu'à ce qu'elle ait la texture de travail désirée.

MINI-GLOSSAIRE

B

BEURRE POMMADE
Beurre à température ambiante travaillé jusqu'à avoir la texture d'une pommade.

BLANCHIR
Travailler vigoureusement au fouet des œufs et du sucre jusqu'à ce que le mélange blanchisse.

C

CHABLONNER
Couvrir d'une fine couche de chocolat fondu pour empêcher un biscuit de ramollir au contact d'une crème ou d'une préparation glacée.

CHEMISER
Recouvrir l'intérieur d'un récipient, le plus souvent un moule, de papier cuisson, de film alimentaire, d'une pâte à gâteau de décor ou encore de caramel, avant d'y verser une préparation pour en faciliter le démoulage ou lui donner de la tenue.

CHINOISER
Passer un mélange liquide dans une petite passoire appelée « chinois » pour obtenir une préparation fluide et sans grumeaux.

CUL-DE-POULE
Récipient hémisphérique à fond arrondi, destiné à faciliter le mélange des ingrédients.

D

DÉBARRASSER
Mettre de côté, réserver une préparation pour plus tard.

DÉGAZER
Travailler une pâte levée en l'aplatissant, ou en lui donnant un coup de poing, pour chasser le gaz carbonique accumulé lors de la pousse, sous l'effet de la levure. Cette étape est généralement suivie d'un second temps de pousse.

DÉTENDRE
Assouplir une pâte ou un appareil en ajoutant un liquide ou une crème.

E

ÉMULSIONNER
Fouetter deux liquides ensemble pour les mélanger (ex : l'huile et l'eau).

F

FAIRE POUSSER UNE PÂTE
Permettre à la pâte de se développer grâce au dioxyde de carbone contenu dans la levure. L'association du CO_2 et des molécules de gluten va générer le gonflement.

FEUILLES GUITARE
Fines feuilles de plastique transparent qui donnent de la brillance au chocolat. Elles s'utilisent souvent comme transferts et sont aussi idéales pour étaler les pâtes sans ajouter de farine.

M

MACARONNER
Travailler la pâte à macaron avec une maryse ou une corne, jusqu'à la rendre lisse et brillante.

MARYSE
Spatule souple en caoutchouc ou en silicone permettant de racler le fond des plats et de lisser les pâtes à gâteaux, à macarons et les crèmes.

MONDER
Retirer la peau d'un fruit après l'avoir plongé quelques secondes dans de l'eau bouillante.

P

POCHE À DOUILLE
Sac conique, dit « poche à pâtisserie », muni d'un embout, appelé « douille », utilisé en pâtisserie pour décorer ou garnir des mets. Les douilles peuvent avoir différentes formes (unie, cannelée, à saint-honoré...) et différents diamètres.

POCHER DE LA CRÈME
Dresser de la crème à l'aide d'une poche à douille (petites boules, rouleaux...).

PUNCHER
Imbiber un biscuit au pinceau pour le rendre moelleux.

T

TANT-POUR-TANT
Mélange d'ingrédients en quantités égales. Se dit plus spécialement pour la poudre d'amandes et le sucre glace (50 % de chaque) dans la réalisation des crèmes, des pâtes et des macarons.

TEMPÉRER
Technique de fonte du chocolat qui permet une bonne cristallisation ; le chocolat est ainsi bien brillant et croquant, sans trace blanche. Elle consiste à faire fondre les deux-tiers de la quantité de chocolat à travailler au bain-marie en respectant certaines températures (50-55 °C pour le chocolat noir et 45-50 °C pour les chocolats au lait et blanc), puis de faire descendre rapidement la température (en plaçant le cul-de-poule dans un saladier avec des glaçons, par exemple) à 28-29 °C pour le chocolat noir, 27-28 °C pour le chocolat au lait et 26-27 °C pour le chocolat blanc, avant de la remonter très légèrement en ajoutant simplement le tiers de chocolat non fondu (soit 30-32 °C pour le chocolat noir, 29-30 °C pour le chocolat au lait et 28-29 °C pour le chocolat blanc) pour atteindre la texture idéale.

TORRÉFIER
Faire chauffer à sec des graines pour les griller légèrement et exhaler leur saveur.

INDEX DES RECETTES

abdeLKarim

REMERCIEMENTS

Avant tout, je remercie ma famille à qui je dois énormément, et j'ai une pensée particulière pour mon épouse Sonia qui croit en moi, me soutient tous les jours et grâce à qui j'ai participé au *Meilleur Pâtissier*. Merci à mes parents qui ont toujours été présents et bienveillants, à ma sœur Samia et mes deux frères, Faïssal et Sofiane, qui sont tout aussi gourmands que moi, ainsi qu'à ma belle-famille.

Je tiens à saluer mes amis, mes proches, ainsi que toutes les personnes derrière moi ; ce soutien est très précieux. Une énorme pensée pour ma deuxième famille en Hollande, Marijke, Theo, Coen, Linda, Faye et Freek.

J'ai également plaisir à remercier tous mes amis pâtissiers qui ont partagé cette épopée gourmande avec moi, en particulier Antoine qui m'a épaulé dans la réalisation de cet ouvrage, mais aussi Julien, Pascal, Isabelle, Anne-Sophie, Imane, Benjamin, Émilie, Muriel et Fabienne.

Pour leur accompagnement et leurs conseils, j'adresse ma reconnaissance à Cyril Lignac, Mercotte, Faustine Bollaert, Benoit Couvrand, Frédéric Bau, Marion Delaunay, François Perret, Noémie Honiat, Damien Piscioneri, Jonathan Blot, Philippe Rigollot et Philippe Conticini.

Une pensée spéciale à Kosta Patsourakis, Hélène Navarro, Marjorie Poutrel, Marie Million, Aurélie Denivet, Pauline Heu, Guillaume Laborie, Éloïse Azémar, Sabri Ben Hassine, les équipes techniques, la production de Kitchen Factory et tous ceux que je ne peux citer ici.

Aujourd'hui, ils me suivent dans mon aventure sucrée et me font confiance, merci à Frédéric Scheurer, Jeffrey Cagnes, Soufiane Hafidi, Priscilla Lanzarotti, Nordine Bendjelti, Mehdi Kraxner, sans oublier les sociétés Bragard (Charlotte Laurent), Kenwood (Amandine Avidano) et Cacao Barry (Youssef Tahiri, Philippe Bertrand, Thomas Alphonsine, Marie-Laure Chanal).

J'ai eu un réel plaisir à réaliser ce livre notamment grâce aux personnes qui ont participé à sa conception ; c'est un beau travail d'équipe, main dans la main, alors un grand merci à Stéphanie Pelleray, Audrey Oznobichine, Stéphanie Brepson, Thomas Girault, Aline Caron et à M6 Éditions.

Photographies et stylisme
© ALINE CARON, sauf pour les photos de tournage

Direction artistique et réalisation graphique
STÉPHANIE BREPSON

Révision
MURIEL THIBAULT

M6 ÉDITIONS REMERCIE ÉGALEMENT
Faustine Bollaert, Cyril Lignac, Mercotte, Anne-Sophie Larry, William Lebugle, Benjamin Ferel, Alexandra Lucas, Jean-Louis Blot, Géry Leymergie, Matthieu Jean-Toscani, Hélène Navarro, Valérie Calazel, Stéphanie Reaubourg Lapierre, Elodie Sérurier Duceau, Vincent Ferant et toutes leurs équipes.

89, avenue Charles de Gaulle – 92575 Neuilly-sur-Seine cedex.

Dépôt légal : septembre 2015
Achevé d'imprimer en Italie en août 2015
ISBN : 978-2-35985-144-1